AF401698

PETIT VOLUME

CONTENANT QUELQUES APERÇUS

DES HOMMES

ET DE LA SOCIÉTÉ;

PAR

JEAN-BAPTISTE SAY.

TROISIÈME ÉDITION,
Entièrement refondue par l'auteur, et publiée sur les
manuscrits qu'il a laissés,

PAR HORACE SAY, SON FILS.

A PARIS,

CHEZ GUILLAUMIN, LIBRAIRE,

ÉDITEUR

DU DICTIONNAIRE DU COMMERCE ET DES MARCHANDISES,

Galerie de la Bourse, 5, passage des Panoramas.

1839.

PETIT VOLUME.

OUVRAGES DU MÊME AUTEUR

qui se trouvent

CHEZ LE MÊME LIBRAIRE :

Traité d'économie politique, ou simple exposition de la manière dont se forment, se distribuent et se consomment les richesses. 5e édit., 3 vol. in-8, prix :　　18 fr.

Cours complet d'économie politique pratique, 6 vol. in-8, prix :　　42 fr.

Le même ouvrage. 2 beaux vol. grand in-8 (sous-presse).

Mélanges et correspondance d'économie politique, ouvrage posthume, publié par Charles Comte, son gendre, 1 vol. in-8, prix :　　7 fr.

Catéchisme d'économie politique. 4e édit., publiée par Charles Comte, son gendre. 1 vol. in-12, prix :　　3 fr.

IMPRIMERIE DE BOURGOGNE ET MARTINET,
rue Jacob, 30.

AVERTISSEMENT

DE L'ÉDITEUR.

—

Cet ouvrage a paru pour la première fois en 1817, et dès l'année
suivante il fallut en faire une seconde édition, qui fut enlevée avec
la même rapidité. Depuis lors, le
Petit Volume a toujours manqué
dans la librairie, et l'on a souvent
regretté que des travaux plus importans aient empêché l'auteur de le
reproduire. Les leçons qu'il profes-
sait, les nombreuses réimpressions
de son *Traité*, la publication de son
Cours complet d'Économie politique

pratique, absorbaient tout son tems. Il n'oubliait cependant pas entièrement son *Petit Volume ;* c'était même un délassement de prédilection pour lui que d'y revenir, pour modifier quelques pensées, en ajouter de nouvelles, ou souvent aussi pour donner, par un léger changement, plus de force ou d'originalité à l'expression, plus d'image à la pensée. Il avait préparé ainsi cette nouvelle édition et comptait la livrer à l'impression, lorsqu'il a été subitement enlevé à sa famille, à son pays, et à une science qui lui a dû ses plus grands progrès, et qui a rendu son nom si justement célèbre.

—

PETIT VOLUME.

—

On a fait bien des écrits dans le genre de La Bruyère et de La Rochefoucauld ; on en fera beaucoup encore, et la matière ne sera pas épuisée. Quelle matière que l'homme et la société, nos goûts et nos travers, nos ridicules et nos vices, nos intérêts et nos actions !

—

L'expérience du monde ne se compose pas du nombre de choses qu'on a vues, mais du nombre de choses sur lesquelles on a réfléchi. Combien d'hommes, après de grands voyages et une longue vie, n'en sont pas plus avancés !

———

Un bel esprit qui n'a que de l'esprit, lit un opuscule, rencontre une vérité triviale et la tourne en ridicule : *C'est une niaiserie*, suivant lui; *tout le monde sait cela.* — Cet homme qui a tant d'esprit, n'en a peut-être pas assez. Pourquoi n'essaie-t-il pas du précepte de l'abbé Galiani ? Cet abbé de bouffonne mémoire disait : *Vous lisez les lignes qui sont dans mon livre; vous n'y profiterez guère : c'est le blanc qui est entre les lignes qu'il faut lire, car c'est là que j'ai mis ce qu'il y a d'essentiel.* — Une vérité non contestée a souvent des conséquences que l'on conteste beaucoup. Elles ne sont pas exprimées ces conséquences; cher_chez-les donc; elles sont peut-être entre les lignes.

———

S'élever à des considérations géné_rales c'est, à la vue d'un fait, remon_ter à la loi dont ce fait n'est qu'une conséquence. Newton, assis sous un pommier, voit tomber une pomme; bien d'autres avant lui en avaient vu autant. Le premier il rapproche ce fait, insignifiant en apparence, de la déviation de la lune au-dessous de sa tangente; il mesure la rapidité de ces deux chutes; il trouve qu'elles ap_partiennent à une loi commune que confirment toutes les autres observa_tions; et voilà la gravitation univer_selle découverte. Socrate méprise Anitus; Anitus fait condamner Socrate ; dès là , vous déplorez cette loi de notre nature , qui nous enseigne que les hommes ne pardonnent jamais le mépris.

Lorsqu'une fois on a pris l'habitude de généraliser facilement, et qu'on le fait avec un jugement passablement sain, on peut ensuite descendre de la loi générale à des faits particuliers même inconnus. C'est ainsi que Newton a prédit les aberrations des planètes qu'on n'avait pas encore observées de son temps. C'est ainsi que la connaissance de la nature humaine fait prévoir les aberrations des hommes, même avant qu'elles n'arrivent.

La fermeté de caractère, quand elle se trouve jointe à la faculté de généraliser, fait les hommes supérieurs. Ceux-là savent penser, et en même temps ils savent agir.

A mesure que l'intelligence grandit, les considérations relatives aux
personnes prises individuellement
frappent moins, et les généralités davantage. Un enfant, un esprit peu
cultivé comme il s'en trouve parmi le
beau sexe, ne font attention qu'aux
individus. Chaque personne est un
être réel, qui frappe les sens; tandis
qu'une nation est un être de raison,
dont les maux, les besoins, dont l'opinion ne frappent que l'esprit; et
même il faut y avoir bien réfléchi.

———

Dire des vérités générales et éviter
de dire des niaiseries paraît facile aux
écrivains vulgaires, et fort difficile à
ceux qui ne le sont pas. Exemple :
*Il faut éviter la douleur; mais la mort
n'est rien du tout.* Niaiseries, direz-
vous : et cependant ces deux proposi-

tions sont combattues par un des plus beaux génies de la France, par l'illustre Pascal. Il regardait la douleur morale ou physique comme extrêmement désirable pour faire son salut, et la mort comme le passage le plus important, parce qu'il décide de notre sort pour l'éternité. Cette opinion, pour cet excellent esprit, n'avait pas la moindre incertitude ; il l'avait méditée pendant toute sa vie ; il avait déjà écrit deux volumes pour l'appuyer ; il se proposait d'en écrire quatre dans le même but. Maintenant une moitié des hommes soutient que c'est une vérité, l'autre moitié pense que cette double assertion peut être l'objet d'un doute ; et vous prononcez que c'est une *niaiserie !* Je ne suis pas si hardi.

Nous serons tous jugés par la postérité ; ceux de nous du moins qui valent la peine que la postérité les juge ; et quand les nations se tirent de la barbarie, la postérité est très proche : les hommes qui nous succéderont immédiatement, commenceront à instruire notre procès. Ceux d'entre nous qui ont joui d'une grande influence en qualité de rois, d'hommes en crédit, de millionnaires, d'écrivains distingués, seront jugés individuellement. Une ville, une nation seront jugées aussi sur la conduite qu'elles auront tenue en telle ou telle occasion. Les circonstances, lès opinions, les faits que nous ne voyons qu'imparfaitement, que nous jugeons sur des rapports incomplets, infidèles, à travers nos préventions, seront jugés aussi bien que les hommes. On ne sera plus partagé sur ce qui nous partage. Tous les arrêts seront sévè-

res : quel motif aurait-on de nous
ménager ! mais ils seront équitables;
car les hommes à venir se trouveront
désintéressés dans nos affaires. Ils au_
ront notre instruction et la leur par-
dessus. Ils seront plus âgés et plus
expérimentés que nous qui le sommes
plus que nos ancêtres. Enfin, la postérité aura l'immense avantage de
juger nos œuvres après les résultats
obtenus. Aussi l'homme qui prévoit
le mieux l'issue de chaque affaire,
juge-t-il comme la postérité.

Quand on cite un fait comme étant
la cause d'un autre , uniquement
parce qu'il l'a précédé, c'est comme
si l'on disait que les Romains ont
fait la conquête du monde parce
qu'ils consultaient les poulets sacrés.
Il faut de plus prouver rigoureuse-

ment que l'effet est lié à la cause.

Sur les frontières de la Suisse et de la Savoie, au pied du mont Salève, est un grand village nommé *Chêne,* dont une moitié est catholique, et dépend de la Savoie, et l'autre moitié est protestante. Il y a peu d'années le feu prit à la partie catholique et menaçait de la consumer toute. Les habitans coururent à l'église et se mirent en prières. La partie protestante accourut avec des secours, et l'incendie fut éteint. Les catholiques attribuèrent l'effet à leurs prières; les protestans à leurs secours.

Nous raisonnons souvent de la même manière dans de plus grandes affaires et de plus vastes incendies.

On se plaint de l'issue de tel événement : *la fortune a trahi nos efforts,*

dit-on. C'est dire en d'autres termes :
Il est arrivé un résultat sans cause.
Pourquoi ces plaintes d'enfant? ce
qui est arrivé devait arriver. Votre
maison s'est écroulée ; c'est parce
qu'elle était mal étayée. Le peuple a
couvert d'acclamations ses oppresseurs ; c'est parce que le peuple n'est
pas assez avancé pour comprendre
ses véritables intérêts. La Fortune
n'a rien à faire là dedans. Au lieu de
l'accuser, travaillez les causes, l'effet
suivra. Tel est le rôle qui convient à
des créatures raisonnables.

Quand les armées de Louis XIV
étaient en présence des armées de
Marlborough, madame de Maintenon
mettait tout Saint-Cyr en prières, et
l'on perdait la bataille.

Il me semble qu'il ne faut pas attacher trop d'importance aux petites
causes. Elles amènent parfois de
grands événemens; mais c'est lorsque ces grands événemens sont mûrs
pour arriver. Elles sont causes *occa-
sionnelles*, et non pas *efficientes*,
comme disent les gens de l'école. Un
souffle fait tomber un fruit; il est
cause de cet événement, si vous voulez; mais ce n'est pas le souffle qui a
produit le fruit: c'est la terre, le so-
leil, et le tems; le tems! élément si
important dans toutes les choses de
ce monde!

Je conviens que de très petites circonstances ont eu de graves conséquences; mais elles sont plus rares
qu'on ne croit et agissent plutôt né-
gativement que positivement. Certes,
si au moment où Alexandre préparait
son expédition contre la Perse, il eût

avalé une arête de travers et qu'il en eût été étouffé, il est probable que la conquête de l'Asie n'eût pas eu lieu. Dès lors, point de ces royaumes grecs fondés en Syrie, en Égypte; point de Cléopâtre; la bataille d'Actium n'eût pas été perdue par Antoine ; Auguste ne serait pas monté sur le trône du monde, etc., mais il serait arrivé des événemens analogues, si l'univers était mûr pour eux. Pascal ne me semble pas fondé à dire que si le nez de Cléopâtre eût été plus court, toute la face de la terre était changée. César lui-même se fût-il noyé en passant le Rubicon, Rome n'évitait pas l'esclavage ; Rome devait être gouvernée par le sabre, parce que les Romains avaient été trop avides de triomphes militaires ; et si ce n'eût été par le sabre de César, ç'aurait été par un autre.

Les athées se sont jetés dans d'in-
extricables difficultés, chaque fois
qu'ils ont cherché à expliquer comment s'est fait le monde tel que nous
le voyons. Des atomes qui se rencon-
trent, des coups de dés multipliés à
l'infini, des générations spontanées
n'expliquent rien. Les théistes ne
l'expliquent pas non plus, ils ne font
que reculer la difficulté, car en ex-
pliquant le monde par la volonté du
Dieu qu'ils se sont fait, il leur reste
à expliquer Dieu lui-même et à nous
dire comment, si le monde n'est pas
éternel, Dieu l'ayant jugé bon à faire,
il n'a pas fait plus tôt ce qu'il a jugé
bon une fois. Quand on prétend expliquer le monde en disant qu'il
existe de toute éternité, on n'est pas
moins embarrassé, car la physique et
la géologie nous prouvent que tout
est récent. Mais pourquoi vouloir ex-

pliquer ce qui n'est pas explicable
pour nous, et ce que chaque fonda-
teur de secte explique à sa manière?
La philosophie qui nous manque,
c'est de *savoir ignorer*.

———

En Suisse, entre le lac de Neufchâtel et celui de Genève, on voit une
fontaine (1) dont l'eau se sépare et
coule partie au nord, partie au sud.
L'eau du nord joint un ruisseau qui
se rend dans le lac de Neufchâtel,
dont les eaux vont se perdre dans le
Rhin et dans la mer d'Allemagne.
L'eau du sud gagne le lac de Genève,
c'est-à-dire le Rhône, qui court vers
la Méditerranée. Lorsque je passai
près de cette fontaine, on m'instruisit
du sort réservé à chaque moitié de

———

(1) La fontaine de Bonpaple.

ses eaux. Je ne pus m'empêcher alors de la considérer et de réfléchir... Quand nous arrivons dans ce monde, à quoi tient notre destinée? A tout aussi peu de chose. Le hasard nous jette de ce côté-ci, de celui-là, comme il fait cette onde; et notre sexe, notre condition, notre vie entière, dépendent de la droite ou de la gauche. Alors, voulant jouer le rôle du destin, je pris orgueilleusement dans ma main de l'eau qui s'échappait vers la Méditerranée, et la jetant de l'autre côté : *Va,* lui dis-je, *va te perdre dans la mer du Nord.* Et elle y alla, sans prévoir mieux que nous autres où sa route la conduisait.

———

Les tribulations de la vie font valoir les hommes ce qu'ils peuvent valoir : sont-ils d'une trempe faible?

ils cherchent à s'en distraire ; sont-ils
d'une forte trempe ? ils veulent les
surmonter. Un homme qui a reçu de
ses parens une fortune faite, et qui
continue à la faire valoir, sans con-
trariétés, sans traverses, est un tableau
sans ombre, une peinture chinoise,
un insipide objet. Et telle est la misère de notre nature : cet objet insipide pour tout le monde, l'est encore
pour lui-même. Il lui manque un
petit malheur pour être heureux.

———

Il n'est pas un homme de bon
sens qui n'ait fait de très bonnes réflexions sur la conduite de la vie.
Mais il y en a fort peu qui prennent
pour règle le résultat de leurs réflexions. Ce qui leur manque, en général, c'est le caractère. Aussi peut-
on dire que les hommes capables

d'assez de résolution et de fermeté
pour faire passer dans la pratique les
indications d'une raison éclairée, sont
marqués au coin d'une véritable supériorité.

———

Le progrès lent mais infaillible de
l'esprit humain, qui amène non
moins infailliblement celui des insti-
tutions, ruine à la vérité les gens qui
vivaient de nos vieilles sottises ; c'est
ce qui doit nous porter à l'indulgence
pour la mauvaise humeur que les
progrès leur inspirent. Il faut les
plaindre et se défendre contre leurs
fureurs. Le métier des vendeurs d'in-
dulgences est tombé, mais celui des
honnêtes gens est devenu meilleur.
Ce qu'il faut déplorer ce sont les
criailleries des petits esprits qui, sans
intérêt, mais façonnés par la routine,

trop peu instruits des maux que nos
pères avaient à souffrir, sont hors
d'état de mesurer le prix des conquè-
tes de la raison, s'applaudissent de
ce qui est et s'effraient de ce qui
pourrait être. Ils emploient le peu
d'esprit qu'ils ont à trouver des raisons pour retenir tout le monde à
leur niveau. Quant à nous, qui voyons
que depuis quatre siècles la condition des hommes, du moins dans notre Europe, n'a pas cessé de s'amé-
liorer, nous qui apercevons dans les
progrès mêmes que nous avons faits,
le germe de progrès plus grands encore, marchons avec plus de hardiesse
et de confiance dans le chemin de
l'avenir.

Quand le moraliste descend dans
le fond du cœur de l'homme et qu'il

y fait d'affligeantes découvertes, on
se plaint de lui comme si c'était sa
faute. Le mal n'est pas de divulguer
nos faiblesses, mais d'en éprouver
les funestes effets. Si le physiologiste
lorsqu'il décrit nos débiles organes
en déguisait les infirmités, serions-
nous plus avancés ? saurions-nous
mieux prévenir nos maux ou les guérir ?

—

J'ai beaucoup aimé la lecture des
voyages lointains ; ils m'attristent
maintenant. Ce sont des archives d'infortunes. Ils avertissent trop de la
perversité native de l'homme. C'est
toujours avec défiance que le voyageur se présente à des hommes nouveaux ; c'est presque toujours avec
défiance qu'il est reçu d'eux. C'est
un grand bonheur si l'on ne se bat

pas avant de se connaître. Devient-on amis, l'on se dupe; des mésentendus surviennent, des batailles, du sang. A la grande louange de la civilisation, les voyages sont d'autant moins funestes que le peuple qu'on visite est moins sauvage ; et nulle part on n'est plus en sûreté, ni mieux pourvu contre tous les besoins, que chez les nations où la civilisation est le plus avancée, c'est-à-dire chez celles qui savent être libres, industrieuses et pacifiques; mais combien y en a-t-il?

———

Dans toutes les affaires de ce monde, il faut savoir prendre les hommes *comme ils sont;* car si l'on ne voulait jamais les avoir que *comme ils devraient être,* il faudrait mettre son bonnet de nuit et s'aller coucher.

———

Certains moralistes vous disent :
Étouffez vos passions. Mais les passions ne s'étouffent point. Pourquoi
toujours des préceptes et des semon-
ces? Prenez l'homme tel que la nature l'a fait, et avec l'homme, tel
quel, composez une société plus supportable. — C'est impossible, dites-
vous.—Avant que les ballons fussent
inventés, on disait de même : Il est
impossible .que l'homme franchisse
l'espace des airs.

———

Quelle sotte, imparfaite, insuffisante morale que celle qui veut con-
trarier la nature de l'homme et des
choses! Le vrai moraliste est celui
qui ne travaille pas contre nature.
Le Créateur a donné à l'homme une
incurable vanité; c'est un fait moral,
comme le besoin de respirer est un

fait physique; nous n'y pouvons rien.
Si le moraliste cherche à rabaisser et
à détruire cette vanité, elle se repro-
duira jusque dans les austérités du
moine et du talapoin. Mais s'il ar-
range les choses de manière qu'on la
place à bien remplir ses devoirs envers ses concitoyens et sa famille ; à
donner un but utile à tous ses travaux, à tenir ses engagemens avec
scrupule, à ne pas dépenser plus
qu'on a, à se tenir propre de sa personne, à donner un aspect riant et
soigné à son habitation, quel bien
n'aura-t-il pas fait au pays! Voilà la
vraie science morale. Dites-moi les
progrès qu'on y a faits jusqu'à ce jour.

———

On dirait que le singe n'a été
fait que pour humilier l'homme et
pour lui rappeler qu'entre lui et les

animaux il n'y a que des nuances.

———

Rien ne choque plus les gens médiocres que le mépris qu'ils vous voient faire de quelque usage reçu. Quel crime en effet de ne pas respecter ce qu'ils trouvent si respectable ! Cela leur fait trop sentir qu'ils n'ont ni l'esprit de penser par eux-mêmes, ni, en supposant qu'ils pensent, le courage d'agir d'après leur façon de voir. C'est leur reprocher leurs infirmités, c'est leur faire une mortelle injure.

———

Nous avons vu de nos jours, en France, tenter de fonder une religion nouvelle. Le climat n'y est pas favorable : ce n'est guère que dans un cercle de cinquante lieues de rayon au-

tour de l'isthme de Suez que pareilles
entreprises se font avec succès, depuis
le polythéisme qui prit naissance sur
les bords du Nil, et l'islamisme à la
Mecque.

———

Se faire illusion, c'est voir les choses
comme on désire qu'elles soient. J'ai
cru long-temps qu'un grand talent
était toujours allié à un grand caractère : je désirais que cela fût ainsi ;
cela me paraissait devoir être ainsi.
Cependant, je voyais des hommes
profonds dans les sciences, habiles
dans les arts, pleins de tact et de
goût dans les lettres, sans fermeté
pour s'opposer au mal ; que dis-je !
pleins de zèle pour le servir, fourbes
au besoin, avides dans tous les momens, insensibles, féroces même,
et je perdais peu à peu mes illusions.

Pourtant, au milieu de toutes ces vi-
lenies, l'humanité a du bon.

———

Artiste en peinture, artiste en architecture, artiste en science, artiste
en théologie, c'est tout un ; ils peuvent
à la rigueur se croire honnêtes gens,
et travailler de leur métier pour celui
qui les paie. Est-ce leur faute si l'on
tourne de bonnes choses à mauvaise
fin ? L'un découvre un procédé pour
pétrir le salpêtre ; ce procédé est ingénieux ; il sera éternellement utile.
L'inventeur peut-il empêcher qu'on
ne s'en serve pour mitrailler de pauvres gens qui meurent de faim ? Un
autre fait une statue qu'on lui com-
mande ; à la vérité c'est l'image d'un
mangeur d'hommes, c'est fâcheux.
L'essentiel pour lui était de produire
son chef-d'œuvre de l'art, et il y a

réussi. Mais, quant aux littérateurs
et aux philosophes, ils ne peuvent
servir la tyrannie sans renoncer à leur
conscience. Ce qu'on leur demande,
c'est de professer ce qu'ils savent être
faux, de louer ce qu'ils méprisent,
et de diffamer au besoin les talens
et les intentions qu'ils révèrent.
Cette grâce n'est accordée qu'à fort
peu d'artistes en littérature ; et à la
gloire éternelle de la France, presque
tous les bons écrivains français de
nos jours ont refusé de servir les
vues des oppresseurs de la liberté
publique : Ducis, Delille, Le Brun,
Collin d'Harleville, Ginguené, parmi
les morts, et un plus grand nombre
encore parmi les vivans.

———

J'ai eu des relations avec les premiers mathématiciens du siècle, et il

m'a semblé qu'il y avait presque chez tous un petit grain de folie. Les calculs ont beau ne présenter aucune erreur, ils ne justifient pas les données imparfaites : or, les données ne sont assises que sur l'observation, l'expérience et le jugement. Sur une donnée que l'on croit vraie et qui ne l'est pas, on fait des calculs en l'air. Le bon sens conduit à des résultats plus sûrs. Locke, le judicieux Locke ne savait pas les mathématiques.

———

Au milieu de la foule, il se rencontre quelques personnes pour qui le bonheur des hommes n'est ni une chimère ni une question indifférente; si elles ont quelque succès, on leur jette des pierres. Elles sont persécutées des uns parce qu'ils contrarient leurs intérêts, des autres parce qu'ils ne partagent pas leurs opinions : on en a vu monter à l'échafaud parce qu'on voulait qu'ils *admirassent*, et qu'ils ne savaient qu'*apprécier*.

———

Une des plus grandes preuves de médiocrité, c'est de ne pas savoir reconnaître la supériorité là où elle se trouve réellement.

———

Il y a une espèce de communion entre les gens d'esprit et de mérite. Ils se comprennent tout de suite. Certaines époques de leurs vies ont eu des rapports dès avant qu'ils se soient connus. Les hommes et les événemens, sans qu'ils aient eu besoin de se parler, leur ont inspiré des réflexions pareilles; ils se retrouvent dans les livres, dans les mémoires laissés par quelques uns d'entre eux. Les gens médiocres n'entrent point dans cette communauté, malgré tous les efforts qu'on peut faire pour les y admettre. Ils ne la comprennent pas : c'est une rêverie pour eux : ce n'est rien.

———

Une multitude de personnes et même de personnages, parce qu'ils sont au-dessous de tout, ne peuvent point comprendre qu'on soit au-dessus d'une bassesse.

———

Il faut bien que ce ne soit pas une chose si difficile que de mourir ; car la plupart des hommes, qui sont d'ailleurs si médiocres, se tirent assez passablement de ce mauvais pas. Sur dix hommes que vous placerez dans

des circonstances ordinaires, ce sera
un bonheur s'il s'en trouve un qui
ne se conduise pas comme un lâche,
ou du moins par des vues étroites et
personnelles qui font pitié. Hé bien,
sur dix hommes, à peine en compte-
rez-vous un qui meure comme un sot.

———

Peu de gens sont en état de donner de bons conseils ; et moins de
gens encore sont en état d'en recevoir.

———

Le jeu, la chasse, et l'amour rap-
prochent les conditions et les égalisent. Cette remarque a déjà été faite ;
mais a-t-on remarqué que les amours,
la chasse, et le jeu égalisent aussi les
esprits ? Le but qu'on s'y propose est
à la portée des plus médiocres : ils n'y
ont aucune infériorité ; les animaux

mêmes nous y donnent des leçons.

———

Les femmes et les princes prétendent toujours qu'ils aiment la vérité.
Allez la leur dire , et vous verrez ce
qui en est. Le plus mince apprenti
dans l'art de faire sa cour, sait qu'il
ne faut jamais dire que des vérités
agréables. Cet art-là près des femmes
a peu de danger ; leurs bienfaits ne
font point de misérables ; mais à la
cour c'est toute autre chose ; et c'est
ce qui fait dire à Rabelais : Pourquoi,
diable! avez-vous une cour ?

———

Tous les vices ouvrent la porte au
repentir, hormis l'hypocrisie. Si l'hypocrite se repent, c'est de n'avoir pas

assez bien joué son rôle, de n'avoir
pas été assez hypocrite.

———

On s'endurcit contre l'indifférence
et l'injustice des hommes de même
qu'on s'endurcit contre le froid. Mais
le froid poussé trop loin cause la
mort.

———

Les vérités les plus triviales ne veulent pas qu'on les méprise. J'ai connu
un homme qui osa prononcer un jour
devant un personnage puissant et de
beaucoup d'esprit, ces deux vers du
bon Lafontaine :

> Notre ennemi c'est notre maître;
> Je vous le dis en bon français.

Le grand personnage les entendit avec

dédain. *De tout tems on a dit la même chose,* s'écria-t-il. C'est pourtant faute d'avoir suffisamment médité ce qu'il appelait un lieu commun, qu'il est allé mourir de chagrin dans une île située aux confins du monde. Il ne comprenait point qu'en multipliant le nombre de ses sujets, même lorsqu'il les coiffait d'une couronne, il ne fesait que multiplier le nombre de ses ennemis, bien différent de Washington qui, en appelant ses semblables à l'indépendance, augmentait toujours plus le nombre de ses amis.

———

Le seul moyen d'inspirer de l'intérêt aux autres hommes, c'est de paraître s'intéresser à eux; mais ici le semblant n'est-il pas plus difficile que la réalité; et peut-on paraître s'intéresser aux autres, si véritablement on ne s'y intéresse pas un peu ?

———

Les hommes ont presque toujours quelque penchant pour un animal ou pour un autre. Les uns chérissent les chevaux, les autres aiment les chiens, d'autres les oiseaux. Je ne sais qui a fait la remarque que ceux qui aiment les chats se distinguent aussi par leur philanthropie. On serait tenté, au premier abord, de prendre cela pour une plaisanterie ; mais plusieurs exemples confirment cette remarque, il faut donc qu'elle ait quelque fondement.

En observant les hommes et leurs divers caractères, on en voit qui ne se plaisent qu'au commandement et à la domination. Ils veulent que les goûts, les besoins des autres, cèdent toujours à leurs vues personnelles; et ils sont en état d'inimitié, de guerre même, avec tous ceux qui leur résistent, qui veulent seulement conserver leur indépendance. C'est-à-dire qu'ils sont en guerre avec l'humanité presque entière, car parmi les autres hommes il en est peu qui soient disposés à faire le sacrifice de leurs propres prétentions et de leurs droits.

Ce caractère, selon moi, fait les misanthropes, les haïsseurs de l'espèce humaine; car de donner ce nom à ceux qui, comme l'Alceste de Molière, fuient les hommes dont ils sont mécontens, et les laissent tranquilles, c'est une injustice.

Un autre caractère relativement aux qualités sociales, est celui qui n'est point blessé que chacun cherche son bien-être à sa manière; qui,

sans vouloir sacrifier sa propre indépendance, sait respecter celle des autres ; qui trouve bon que chaque
homme ait ses goûts et veuille les
satisfaire, ait ses opinions et s'efforce de les soutenir. Ce caractère
forme les véritables philanthropes.

Maintenant observons quels animaux peuvent convenir à ces deux
caractères généraux, quels inférieurs
doivent être préférés par eux ? Ne
pensez-vous pas que l'homme qui
cherche des esclaves, doit s'accom-
moder de préférence du chien, animal rampant qui n'emploie les facultés dont le ciel l'a doué qu'au
service d'un maître ; qui se soumet
aux caprices, et lèche la main de
l'injustice comme celle de la bienfe-
sance ? Ne trouvez-vous pas que
l'autre caractère peut seul s'accom-
moder de l'indépendance, de l'é-

goïsme du chat, animal qui n'est point malfesant quand il n'est pas poussé à bout par la faim ou par les mauvais traitemens , mais qui conserve l'indépendance de ses goûts plus que tout autre domestique?

Buffon fait un crime au chat d'*aimer ses aises, de chercher les meubles les plus mollets pour s'y reposer et s'ébattre*, c'est tout comme les hommes; de *n'être sensible aux caresses que pour le plaisir qu'elles lui font*, c'est encore comme les hommes; *d'épier les animaux plus faibles que lui pour en faire sa pâture*, c'est toujours comme les hommes; d'être *ennemi de toute contrainte*, c'est comme les hommes encore.

Partant il faut avoir bien de la philanthropie pour aimer les chats.

Le talent de voir consiste à donner
une dose d'attention suffisante aux
occurrences que présente le cours ordinaire de la vie ; soit que ces occurrences soient sensibles ou intellec-
tuelles, relatives aux personnes ou
aux choses, à nous-mêmes ou aux
autres.

C'est ce qui nous fournit dès notre
enfance une riche collection de connaissances et de réflexions.

———

Le meilleur traitement pour les
aliénés et la meilleure éducation
pour les enfans, sont fondés sur les
mêmes principes. Les enfans,
comme les fous, ne jouissent pas de
toute leur raison ; il faut leur faire
sentir qu'ils ont besoin d'être con-
duits, et qu'on ne veut pas être vic-
time de leur démence. S'ils veulent

s'affranchir , il faut qu'ils sachent qu'ils n'y parviendront qu'en apprenant à raisonner, c'est-à-dire à lier les causes avec leurs effets, à savoir d'où provient un fait, et quelles en seront les conséquences. Guérir la folie, c'est une éducation à refaire. Faire une éducation, c'est donner de la raison à un insensé. La dernière besogne est la plus facile, parce que la faiblesse de l'enfance nous en rend maîtres plus aisément; chaque jour l'instrument du raisonnement se fortifie et se perfectionne, et par là seconde les efforts de l'instituteur. Dans l'un et l'autre cas, il convient de faire marcher de front le traitement physique et le traitement moral.

—

C'est à juste titre qu'on a fait chez

les enfans de la docilité une vertu.
En effet, quand on n'a ni l'expérience,
ni le jugement formés ; qu'on n'a
presque rien appris, rien éprouvé, et
qu'on ne peut presque rien prévoir,
qu'a-t-on de mieux à faire que de
s'en rapporter à ceux dont le tems
a été le maître ? Louis XIV, dans les
Mémoires qu'il fit pour l'instruction
de son fils, lui donne ce sage conseil,
parmi beaucoup d'autres : « Si vous
» n'écoutez pas les ordres de ceux
» que j'ai préposés pour votre con-
» duite, comment suivrez-vous les
» conseils de la raison quand vous
» serez votre maître ? »

———

Un préjugé ne fausse pas le jugement sur un seul objet, mais sur
tous. Si malgré le témoignage de ses
sens j'enseigne à un enfant qu'un

lapin est aussi grand qu'un mouton,
et que par tous les moyens que me
fournit l'habitude de l'obéissance,
l'ascendant de l'âge, de l'instruction, de la force, des menaces mêmes, je parviens à le lui faire croire,
son jugement est faussé, non seulement par rapport à la taille des mou-
tons et des lapins, mais sur tout le
reste. Il ne peut plus s'en rapporter
au témoignage de ses sens, à son jugement. Rien ne lui paraît plus ni
prouvé, ni vrai en soi-même ; son
esprit est devenu plus timide, plus
porté à admettre des faussetés.

Le jugement, comme toutes les
autres facultés, se perfectionne par
l'exercice. Veut-on l'avoir bon ? Il
faut s'habituer à juger par soi-même.
Un tireur d'arc, pour acquérir le
coup-d'œil, demande-t-il à une autre personne où est le but ? Le juge-

ment gagne même lorsqu'il se
trompe ; comme un enfant apprend
l'équilibre, même lorsqu'il le perd.
Voulez-vous rendre un enfant judicieux ? Laissez-le juger ; ne lui donnez pas des jugemens tout faits.
Les peuples deviennent judicieux par
des procédés analogues.

———

Vous vous plaignez que les enfans ont des idées fausses ; c'est que
vous les leur avez données telles.
J'ai entendu un enfant demander : A
qui sont les nuages? et la mère ré-
pondre : Au bon Dieu.

———

Il y a deux manières de gâter les
enfans : l'une est de faire toutes leurs
volontés , l'autre est de les reprendre
à tout propos. Les deux manières

tendent à leur donner une trop haute idée de leur importance. Quoi de plus important en effet que l'être dont on s'occupe sans cesse? Parmi beaucoup d'autres inconvéniens de l'Emile de Rousseau, c'en est un fort grand que d'en faire un personnage de si haute dimension. Il n'y a eu de bons princes que ceux qui n'avaient pas été élevés pour l'être; et cette cause a suffi même pour gâter ceux qui étaient devenus princes sans avoir été faits pour cela.

———

Je le vois d'ici, Damoclète, vous êtes fier de l'éducation que vous donnez à vos enfans; vous vous applaudissez de leur avoir caché la perversité des hommes; vous croyez les avoir laissés purs : j'ai peur.... — De quoi? — Que vous ne les ayez rendus niais. — Ho!.... — Daignez m'écouter : Savez-vous ce qui donne tant d'avantage à l'intrigue pour surprendre la bonne foi des honnêtes gens ? c'est votre principe d'éducation. Je vous estime heureux même si quelqu'un de vos enfans se trouve avoir un caractère assez ferme pour ne pas se dire à une certaine époque : *Mon père a fait de moi une dupe. Je croyais à la bonne foi ; il n'y en a point sur la terre. Bien fou qui ne fait pas comme les autres.*

Ne vous méprenez pas sur mes intentions, Damoclète, je ne vous dis pas : *Enseignez le vice;* mais ne le dissimulez pas. Présenté de cette manière, le vice n'offre qu'un spectacle salutaire, qui montre les difformités en même tems que les attraits, et les suites déplorables à côté des préliminaires séduisans. S'agit-il de vos

rapports avec le monde, vous gardez
pour vous seul vos soupçons et vos
découvertes; vous déguisez à vos enfans les précautions que vous êtes
forcé de prendre contre la mauvaise
foi, la cupidité, la corruption des
hommes! mais, dites-le moi, Damoclète, quelle science plus utile et
d'une plus constante application pouvez-vous leur enseigner? Quelle est
plus efficace pour porter le découra-
gement chez les méchans?

Je conviens que cette méthode vous
oblige à marcher vous-même dans le
sentier de la vertu; sans cela vous
vous dénonceriez au mépris de vos
élèves : raison de plus pour vous la
recommander.

—

Le plaisir du spectacle, quand on
s'en fait une habitude, accoutume

trop les jeunes gens à se laisser amuser, c'est-à-dire à s'amuser difficile-
ment.

Le spectateur n'y met rien du sien ;
l'auteur et les acteurs en font seuls
les frais. Quant à l'influence morale
je laisse J.-J. Rousseau et les dévots
invectiver à leur aise. Quant à moi,
j'estime qu'une représentation des
actions, bonnes ou blâmables, donne
aux unes et aux autres un relief qui
est plus favorable aux premières
qu'aux secondes. Les représentations
dramatiques sont pour beaucoup de
gens les seules leçons d'histoire et de
littérature qu'ils recevront jamais.
On y prend une connaissance des
hommes et des affaires auxquelles il
n'est pas bon de rester étranger, et
d'autres distractions ont de plus graves inconvéniens.

La dissipation, les plaisirs dispen-
dieux, bruyans, qui exigent le secours de beaucoup de monde et beaucoup de mouvement, doivent être
rares, même pour les jeunes gens.
C'est d'abord parce que ce genre de
plaisirs fait paraître les autres insi-
pides. Toutes les personnes que j'ai
été à portée d'observer et auxquelles
on avait procuré dans leur jeunesse
de ces plaisirs-là, ne se montraient
animées que dans des occasions semblables. Dans leur vie ordinaire, elles étaient ennuyées, boudeuses, à
charge à elles-mêmes et aux autres.

Les divertissemens fréquens, en
outre, rendent inattentifs et inappli-
qués aux occupations utiles et aux
affaires. Lorsqu'on y réussit malgré
cela, c'est parce que l'aptitude et le
talent l'emportent. Ce cas est bien
plus rare chez les femmes que chez

les hommes, parce que le talent chez elles a en général moins de vigueur : aussi est-il presque impossible qu'une jeune personne dissipée devienne une femme de mérite.

Enfin, la dissipation entraîne dans des dépenses fort sensibles pour les petites fortunes et les familles nombreuses : il faut nécessairement alors que quelque chose reste en souffrance dans la famille, ou que le chef qui est chargé de fournir l'argent fasse des bassesses pour s'en procurer.

Ce sont les sots qui disent que l'âge de la jeunesse est fait pour qu'on s'amuse : le jeune âge est fait pour qu'on y prenne de bonnes habitudes qui puissent être utiles pendant tout le reste de la vie. C'est à cela qu'il convient de songer avant tout, d'autant plus que le bonheur n'est point incompatible avec le bon emploi de la jeunesse ; bien au contraire : les jeunes gens dont la vie est un mélange d'occupations et de plaisirs simples, ont en somme plus de jouissances que les jeunes gens les plus dissipés. C'est la vie simple, ce sont les occupations utiles , qui font goûter les moindres délassemens, tandis que les divertissemens ne sont autre chose qu'une broderie sur un fond d'ennui.

Une mère qui cherche toutes les occasions d'amuser ses enfans me paraît entendre mal leurs intérêts et les siens, pareille à celle qui leur donne des indigestions avec des gâteaux pour les régaler. L'instinct qui nous porte à procurer du bien-être à nos enfans est nécessaire à la conservation de l'espèce en général ; mais s'il est aveugle, c'est un instinct de brute, souvent funeste à l'individu. La nature s'embarrasse peu des individus ; c'est

à nous de chercher quel est l'intérêt
bien entendu de ceux qui nous intéressent, et de subordonner l'instinct à
la raison. C'est un des plus beaux pri-
viléges de notre espèce.

———

Un père disait à son fils de dix-huit
ans : Cherche toujours à pénétrer
l'intérêt qui fait agir les autres ; de-
mande-toi : *Que peut-il désirer dans la
situation où il se trouve ? Quel peut être
son motif dans la démarche que je lui
vois faire ? Que sentirais-je, que sou-
haiterais-je à sa place ?* Ensuite, si tu
es pour quelque chose là-dedans,
conduis-toi suivant la découverte que
ta recherche intime t'aura fait faire.
Tu te tromperas quelquefois sur l'intérêt et le motif qui font agir les autres. N'importe, n'abandonne pas
pour cela cette méthode : pour une

fois qu'elle t'égare, elle te servira dix.
Et à mesure que l'âge et l'observation
mûriront ton expérience, elle te trompera moins.

Ce n'est pas que je prétende que
tu te jettes dans les conjectures. La
manie des conjectures consiste au
contraire à récuser le motif le plus
simple, le plus présumable, pour
en supposer un extraordinaire, *far-
fetched*, comme disent les Anglais,
loin cherché. Ce que je veux, c'est du
jugement et non de l'imagination ;
de la sagacité et non des soupçons.
Si tu ressembles à ces gens qui ne savent que haïr et soupçonner, tant pis
pour toi : cette disposition, cette pas-
sion te trompera, tandis qu'un jugement sain te servira mieux.

—

Il est dangereux d'avoir une trop

bonne opinion des hommes; ils ne vous soutiennent point quand on a droit de compter sur eux. Il est dangereux d'en avoir une trop mauvaise : ils valent mieux que ceux qui les méprisent.

———

Un homme sans principes se rencontre avec un homme qui a des principes. Ils causent ensemble; ils se méprisent tous les deux. Quel est celui qui a le plus de mépris pour l'autre ? Vous croyez que c'est celui qui a des principes ? Vous vous trompez : c'est celui qui n'en a pas.

———

Tenir à un parti pris parce qu'il est pris, c'est opiniâtreté; y tenir parce qu'il n'y en a pas de meilleur à prendre, c'est fermeté.

———

Pourquoi les principes qu'on professe influent-ils si peu sur la conduite qu'on tient? c'est parce qu'il faut une fermeté extrême pour agir d'après les principes qu'on s'est faits. Or, la fermeté est une qualité rare. Le commun des hommes agit selon l'instinct du moment, ou selon l'habitude qui est l'instinct de tous les momens.

On peut définir le vice, le sacrifice de l'avenir au présent.

Plusieurs moralistes ont dit qu'il y a plus de chances défavorables dans le vice que dans la vertu; et que, tout bien considéré, quand on s'engage dans un mauvais sentier, on fait tout simplement un mauvais calcul.

Les méchans ne paraissent point con-
vaincus de cette vérité. Pourquoi?
c'est que l'avantage du vice est plus
proche ; il se dessine nettement à
leurs yeux ; son danger est plus éloi-
gné et paraît moins certain , mais on
ne compte pas le tems indéfini que
le châtiment a pour venger la vertu :
peu d'instans suffisent pour commet-
tre le crime, et la morale a en sa faveur une multitude d'instans pour
le punir. Un homme manque à sa
parole quand il peut le faire impu-
nément; s'il est en pouvoir, il en
abuse pour opprimer la faiblesse et
le bon droit, etc. On voit en effet
quelques hommes parvenir au faîte
de la fortune par ces honteux moyens;
mais connaît-on tous ceux qui
échouent? Les succès frappent tous
les regards ; on n'entend pas parler
des revers, des inconvéniens , des

maux, qui ont accompagné une conduite coupable. Les punitions écla-
tantes qui malheureusement sont rares, ont seules frappé ; les punitions
secrètes ont échappé, sans être moins
réelles. Or, une plus juste apprécia-
tion des choses montre, je crois, que,
tout compensé, et si l'on met en ligne
de compte à la charge d'une mauvaise
conduite, outre les punitions directes
qu'elle attire quelquefois, la mauvaise réputation qu'elle donne, les
portes qu'elle ferme à la fortune et
aux jouissances de la vie, les soucis,
les tracas, qu'il faut se donner pour
cacher ce qui ne doit pas être su, défendre ce qui peut être attaqué, se
mettre à couvert enfin, et les risques
de ne pas réussir ; si l'on compare, si
l'on pèse en somme tous les heureux
et tous les mauvais résultats du vice
et du crime, je n'hésite pas à prédire

qu'en fait, dans le plus grand nombre
des cas, l'avantage est pour la vertu.

———

Toute la morale est dans ce vieux
proverbe : *Qui mal veut, mal lui arrive.*

———

Un loup, je ne sais pas trop comment, eut un chien pour ami. Ils fi-
rent route ensemble et devisèrent
assez franchement, car les loups
mêmes ont leurs instans de bonhomie. Mais à toute minute la conversation s'arrêtait ; au moindre bruit,
quand une feuille tombait, quand
l'ombre d'un oiseau venait à passer,
mon loup dressait son oreille effrayée.
Toujours il se préparait au combat
ou bien à la fuite. « Quelle mortelle
» inquiétude t'agite ? lui dit le chien.
» Je ne te vois pas un instant de re-

» pos. Marchons tranquillement et
» libres de soucis. — Je ne le puis,
» lui répondit l'animal féroce ; j'ai
» pour ennemi tout le monde. — Ah !
» je comprends : tu ne sais faire que
» du mal. »

———

Les philosophes moralistes paraissent croire que l'amour de soi, l'intérêt dirige les actions des hommes plus que ne le fait l'amour-propre, la vanité. Je serais tenté de croire au contraire que la vanité exerce sur eux plus d'empire, généralement parlant, que l'amour de soi. Il suffit d'observer dans combien de cas les hommes agissent par vanité d'une manière opposée à leurs intérêts. C'est là le rien important qui nous mène, depuis l'enfant qui, blessé d'une mortification qu'on lui a fait essuyer, boude

contre son ventre, jusqu'au potentat
qui détruit son pays, c'est-à-dire le
fondement de sa puissance, pour se
venger d'une insulte de gazette.

———

Il est bon de songer à soi : il est
odieux de ne songer qu'à soi.

———

Vous vous étonnez de tant de dis-
positions testamentaires faites en faveur d'un confesseur, d'un directeur
de conscience, ou, ce qui est la même
chose, en faveur de ceux qu'ils pro-
tégent et dont ils sont protégés ; vous
voudriez qu'on fit de semblables dis-
positions en faveur d'une belle action,
ou d'un livre utile, ou d'une découverte importante, d'actions, en un
mot, dont la société ferait long-temps
son profit. Hommes injustes ! vous

voulez qu'un malade, à l'instant de
sa mort, songe au bien public, lui
qui n'y a songé de sa vie! Faites attention, je vous prie, que l'homme
utile n'obsède point les mourans; il
travaille; tandis que le confesseur
est là, au coin du feu, au chevet du
lit; qu'il ne demande au moribond
que les biens de ce monde, dont celui-ci ne peut plus faire usage, et
qu'il lui donne en échange ceux du
paradis.

————

La peur de l'enfer a produit plus
de sottises que de belles actions. Archimède ne demandait qu'un point
d'appui, hors du monde, pour re-
muer le monde. Les jésuites ont ré-
solu le problème d'Archimède.

———

Les dévots et les philosophes, chacun dans leur langage, ont terrible-
ment anathématisé les richesses, ou
l'argent qui en est l'expression la plus
simple. Ces pauvres richesses, objets
de tant de déclamations, sont bien
innocentes, ou plutôt en elles-mêmes
ce sont de fort bonnes choses. Il n'y
a de coupable que les mains qui en
font la distribution. Si l'argent ne
servait pas à récompenser des servi-
ces honteux, l'amour du pouvoir, la
mauvaise foi, l'hypocrisie, qu'auriez-
vous à en dire? Ce sont donc les
mains qui salarient l'hypocrisie, le
mauvais sens et les mauvaises intentions qu'il faut accuser. A qui donc,
en bonne politique, faut-il laisser la
distribution des avantages sociaux?
Le plus qu'on peut à la société elle-
même. Voyez comme le public est
bien servi quand il s'agit de procurer

à la société les produits de l'agricul-
ture et des arts. Elle les obtient en
abondance et au meilleur marché :
c'est qu'elle les achète elle-même.

———

On voit dans le monde beaucoup
de personnes qui ont trop de respect
pour l'argent, et cela dégoûte. On en
voit aussi qui en ont trop peu, et elles
tombent dans la misère. Que n'a-t-on
pour l'argent tout le respect qu'il
mérite, et rien de plus ?

———

Quand on ne désirerait pas l'aisance pour son propre bien-être, on
devrait la désirer par vertu. Il faut
n'être pas réduit à prendre conseil du
besoin.

———

Vous vous plaignez que chacun n'écoute que son intérêt ; je m'afflige du contraire. Connaître ses vrais intérêts est le commencement de la morale ; agir en conséquence est le complément.

———

L'estime est contagieuse, ainsi que toutes les autres affections de l'âme.

———

Après avoir pesé les biens et les maux de la vie, on a ingénieusement prouvé l'égalité des conditions ; on a prouvé ce qui n'est pas : c'est-à-dire qu'un gueux rongé d'ulcères et de vermine, manquant de tout, est aussi heureux qu'un propriétaire campagnard qui possède trente mille francs de revenu.

Pour ne point sortir du vrai dans

cette question, il me semble qu'il
faut se réduire à cette considération :
L'homme ne jouit que par l'exercice
modéré de ses facultés ; or, les facultés de chaque individu sont bornées
à un petit nombre : nul n'a deux es-
tomacs pour digérer : les plaisirs les
plus délicieux ne peuvent se renou-
veler qu'un certain nombre de fois
tous les ans ; donc les moyens de
jouir sont également bornés pour tout
le monde.

Mais le nombre des facultés humaines, quoique nécessairement borné,
est plus ou moins étendu selon les
conditions, les caractères, les talens
et le degré de civilisation où l'on est
parvenu. Le judicieux emploi qu'on
en fait les étend ; la culture de l'intelligence les multiplie. De là des facultés nouvelles et par conséquent de
nouveaux moyens de jouir. La cul-

ture des lettres, par exemple, procure des plaisirs dont le manant grossier n'a pas la moindre idée. On jouit de l'influence qu'on exerce par ses talens comme par son pouvoir. Ce sont des facultés dont l'usage est une jouissance ; et ceci nous montre en passant quel mauvais calcul c'est de faire un mauvais usage de son pouvoir et de ses talens. On sape sa propre influence et l'on altère les moyens qu'on a de jouir.

Le bonheur ne se compose pas seulement de jouissances : il dépend aussi de l'absence des maux; et peutêtre y a-t-il plus de manières de souffrir, au moral et au physique , qu'il n'y a de manières de jouir. Aussi estce là , si je ne me trompe, qu'il faut chercher les plus grandes inégalités dans le sort des humains.

L'honneur! l'un des sobriquets de la vanité....... Au pluriel, c'est encore pis.

———

Plusieurs voies conduisent aux honneurs : d'abord les actions honteuses.... — Et ensuite?.... — Laissez-moi le loisir de chercher.

———

Les nations ne savent pas ce qu'elles perdent à ne pas tout simplement honorer ce qui est honorable, et mépriser ce qui est méprisable. Lorsqu'un peuple ne sait ni mépriser ni haïr, on le gouverne à coups de pied au...

———

A qui les gens du grand monde pardonnent-ils une bassesse? Est-ce

à l'indigent assailli par le besoin,
ou bien à l'homme qui ne manque de
rien, et qui est décoré de titres pom-
peux, de fonctions importantes?

———

Lorsque les Confessions de J.-J.
Rousseau parurent, les gens du beau
monde furent horriblement scanda-
lisés que l'auteur eût osé révéler les
faiblesses de madame de Warens,
qui n'existait plus, n'avait point
laissé de famille, et au total compo-
sait une femme assez peu respectable; et les mêmes personnes ne fesaient nulle difficulté de tympaniser
beaucoup de femmes recommanda-
bles par leurs bonnes qualités, leur
esprit et leurs alentours. On veut se
faire passer pour délicat, mais on s'in-
quiète peu de l'être.

———

Montesquieu distingue dans la société deux sortes d'hommes : ceux qui *amusent*, par opposition avec ceux qui *pensent*. Ah! Montesquièu, la troisième espèce, celle qui ne pense ni n'amuse, que vous a-t-elle donc fait pour l'oublier ainsi?

Dialogue.

ALCESTE.

Je veux devenir un homme de bonne compagnie. Voyons; que faut-il faire?

PHILINTE.

Amuser, ne blesser aucun amour-propre.

ALCESTE.

Que faut-il de plus?

PHILINTE.

Rien.

ALCESTE.

Vous plaisantez.

PHILINTE.

Nullement.

ALCESTE.

Un homme qui aurait malversé dans ses emplois, qui aurait sacrifié son pays pour un vil intérêt, n'est certainement pas admis dans la bonne compagnie.

PHILINTE.

Pourquoi non, s'il a eu l'adresse d'esquiver le scandale, s'il est riche, s'il a des titres, des plaques et des rubans?....

ALCESTE.

S'il en est ainsi, vive la bonne

compagnie pour faire le bonheur
d'un pays!

———

Le grand monde ne veut pas d'un
ouvrage qui lui donne à penser : c'est
trop pénible. Il ne veut pas d'un livre qui montre trop de défauts à
corriger : la tâche effraie sa paresse.
Que veut-il donc? Probablement que
le bien se fasse tout seul.

———

Damis a lu un livre dont les idées
lui ont paru neuves et justes ; Damis
en convient ; il vante l'auteur comme
devant faire autorité. Vous vous
imaginez que Damis a adopté ces
mêmes idées, qu'elles ont rectifié les
siennes, qu'il en va faire la règle de
ses discours, de ses actions..... Il n'y
a pas seulement songé ; l'instruction

a passé au travers de sa tête comme
le jour à travers une vitre ; rien n'est
demeuré. Vous lui en faites l'observation : *Tout celá est bon pour les
livres*, répond-il. — Têtebleu ! ce
qui, dans les livres, n'est pas pour
passer dans la pratique, n'est bon à
rien.

———

Voulez-vous connaître le degré de
philosophie des personnes avec lesquelles vous êtes en rapport de société ? examinez quels nombres de
sujets peuvent fournir matière à vos
conversations avec elles. Plus ces
sujets seront nombreux, plus ces
personnes auront de philosophie,
d'amour du vrai. En effet, les préjugés, qui sont des opinions acquises,
non par suite des observations, des
raisonnemens que nous avons faits,

mais de confiance et sur l'autorité d'autrui, n'admettent point de discussions; tandis que les opinions raisonnées peuvent toujours être modifiées par de nouvelles lumières acquises. Vous pouvez parler de l'origine du monde avec un philosophe; vous ne le pouvez pas avec un juif. Pour lui, l'origine du monde est dans la Genèse.

Cette règle s'applique à tous les sujets. Vous ne pouvez franchement chercher la meilleure forme des gouvernemens, avec l'homme qui croit qu'il n'y a qu'un bon gouvernement, celui de son prince légitime; vous ne pouvez non plus discuter sur la morale avec un autre; l'incontinence, suivant lui, n'est pas blâmable en raison du mal qui en résulte pour la société, mais en raison de la réprobation des lois civiles et canoniques.

Dans telle maison , il y a des préjugés en musique ; dans telle autre
des préjugés en littérature. On est
obligé dès lors de glisser sur ces su-
jets-là.

———

On peut dire au sujet de beaucoup
de sociétés et de conversations :

C'est avoir profité que savoir s'y déplaire.

———

La bonne compagnie a un mérite
incontestable et qu'on peut prouver
par de bonnes raisons : c'est qu'elle
vaut mieux, à tout prendre, que la
mauvaise.

———

Il y a deux peuples à Paris : l'un
qui ne vit que pour travailler et

souffrir ; quand il a quelques instans
de loisirs et quelque argent de reste,
celui-là les dépense dans une guin-
guette à boire et à danser. L'autre
peuple est composé de gens à la mode,
qui ne rêvent le matin qu'à trouver
quelque moyen de s'amuser le soir,
et parmi les amusemens ils donnent
toujours la préférence à ceux qui les
tirent hors d'eux-mêmes, et leur
montrent des gens et des objets nouveaux.

Dans l'une et l'autre classe, on
voit qu'il reste peu d'instans où l'âme
puisse fermenter et s'élever au bouil-
lonnement des grandes passions.

N'attendez de grandes choses que
des hommes peu répandus et peu
avides des amusemens du beau
monde.

Manquer d'égards dans les relations sociales est le signe presque certain d'un défaut d'éducation, car la bonne éducation enseigne à étudier les convenances d'autrui. C'est pour cela qu'on a des égards bien souvent, non par intérêt pour les autres, mais par respect pour soi-même et pour se faire considérer.

———

Règle générale : l'homme qui comprend une plaisanterie, a de l'esprit. Entend-il la plaisanterie, il en a encore davantage.

———

Androphile a toujours procuré peu de divertissement à ceux qui ont essayé de le mystifier. Quel parti tirer en ce genre d'un homme qui regarde le monde comme une mystifica-

tion perpétuelle, où les mystificateurs
font, les uns le rôle de gens d'esprit, les autres celui de grands sei-
gneurs, et tous le rôle d'honnêtes
gens?

———

Un sot sans prétentions est moitié moins sot qu'un autre.

———

Il me semble que tous nos moralistes ont fait injure aux femmes,
en joignant ensemble dans leurs
considérations, les femmes et l'a-
mour. On dirait qu'elles ne sont
bonnes qu'à faire l'amour. Certes,
elles sont aussi nos mères, nos filles,
nos amies de fortune et d'infortune; elles sont une partie fonda-
mentale de nos sociétés politiques.
On a prétendu qu'il se fondait tou-

jours dans l'amitié qu'elles nous inspirent, une autre espèce de sentiment
qui tient à la différence du sexe. C'est
possible; appelez cela comme vous
voudrez, j'y consens; il n'en est pas
moins vrai que l'amour n'y est pour
rien.

———

Les femmes s'attachent aux hommes plutôt encore par le plaisir qu'elles
procurent que par celui qu'elles re-
çoivent, de même qu'elles s'attachent à leurs enfans à proportion des
soins qu'elles leur ont prodigués, et
même des peines qu'ils leur ont coû-
tées. C'est ce qui fait que, sauf chez les
personnes dépravées, on trouve de si
bonnes amies chez les femmes dont
on a obtenu autrefois les faveurs.
Il y a au surplus dans l'humanité
tout entière un sentiment analogue

à celui-là, et qui fait que nous sommes animés de bienveillance en général envers les objets de nos bienfaits. Il y a plus d'attachement du bienfaiteur à l'obligé, que de l'obligé au bienfaiteur, et c'est mériter un surcroît de faveur, que de savoir se laisser obliger à propos et sans se dégrader. Lorsqu'une vanité trop susceptible s'y oppose, c'est une faute de conduite.

———

Les Anglais ne font jamais de complimens aux femmes. Ils les aiment, comme on fait partout, parce qu'il est impossible de ne pas les aimer ; mais enfin ils ne leur font pas des complimens, qu'ils taxent de faussetés prétentieuses, et ils sont très fiers de cela. Ils ne sentent pas que si le compliment n'est pas une vérité, il an-

nonce du moins le désir de plaire, et
ce désir est toujours flatteur pour
celle qui l'inspire. Les complimens
qu'on adresse aux femmes, sont
comme les civilités que se font entre elles les personnes bien élevées ;
ils remplacent le sentiment, comme
les civilités remplacent la bienveillance et le respect. Ils sont l'image
d'une disposition qui flatte ; et comme
on ne les prend que pour ce qu'ils
valent, il y a dans ce commerce
peu de danger et beaucoup d'agré-
ment.

———

Il y a bien peu de femmes qui aient
l'esprit assez élevé pour entendre de
sang-froid parler des défauts de leur
sexe.

L'amour maternel sans doute était nécessaire pour faire supporter aux mères les soins rebutans que réclame la première enfance ; mais c'est un sentiment bien aveugle ! Une mère satisfait aux caprices de son enfant avec le même dévouement qu'à ses besoins réels, et lui fait plus de mal en le gâtant, qu'elle ne lui a fait de bien en lui donnant l'existence et les soins qui l'ont soutenue ; inférieures en ce point aux femelles des animaux, qui favorisent uniquement le développement de leur progéniture, mais l'abandonnent à elle-même du moment qu'elle peut se tirer d'affaire.

———

La galanterie, que je ne confonds pas avec l'amour, est un jeu où tout le monde triche : les hommes y jouent

la sincérité, les femmes la pudeur,
et chacun se trompe ; mais il faut
que la volonté du ciel soit faite.

———

De quelque manière qu'on déguise
la chose, il faut avouer qu'au village,
comme à la ville, comme à la cour,
il y a toujours dans l'homme quelque peu de la bête féroce, et dans la
femme quelque chose de l'animal
domestique. — Cette vérité ne laisse
pas d'être grossière. —J'en conviens ;
aussi j'ai soin de la dire entre nous.

———

La Sunna ou tradition orale de
Mohammed recommande, par trois
fois, de traiter les femmes avec indulgence. C'est une des meilleures
choses qu'il y ait dans la Sunna, où

l'on en trouve beaucoup de bonnes.

—

Les femmes sont l'*alpha* et l'*o-*
mega, le commencement et la fin.
Quel homme n'a pas commencé et
fini par elles, sans parler du reste.

—

Que de misères dans l'amour malheureux ! Penchans contrariés par la
fortune, par l'ambition, par la religion ; des enlèvemens ; des fils dés-
hérités ; des femmes infidèles ; des
jalousies ; des querelles ; des perfi-
dies ; des vengeances !

Que de misères encore dans l'a-
mour heureux ! Des enfans à élever,
à établir ; quelquefois à perdre ! le
déchirement des séparations ; les torts
de la fortune, qui souvent frappe

des êtres chéris ; l'uniformité ; l'ennui !....

Hé bien, avec tout cela, il n'y a rien de si charmant que l'amour..... même l'amour malheureux.

———

La jeunesse aime qu'on l'amuse, et vous tient compte de ce que vous faites dans ce but, beaucoup plus que ce que vous faites pour son utilité. Cette disposition de la jeunesse dure pour les femmes pendant toute leur vie. Les frais qu'on fait pour leur plaire, indépendamment de l'amusement, montrent l'envie de leur plaire ; et c'est ce qui excite le plus de reconnaissance.

———

L'amour et l'objet aimé sont tout pour une femme qui aime.. Dans un

jeu où elles mettent tant du leur,
elles exigent beaucoup. Si l'homme
qu'elles aiment si bien, avec tant
d'abandon, s'occupe de quelque chose
qui ne soit pas elles, il est indifférent, il manque de confiance ; c'est
un égoïste, un ingrat, on le méprise, on le déteste. Aussi voit-on
souvent les hommes embarrassés de
l'amour qu'on a pour eux.

———

Les femmes sont rarement satis-
faites de l'attachement que les hommes ont pour elles. L'amour chez
les hommes est moins tendre, moins
désintéressé que le leur. Elles s'en
prennent à l'individu : c'est la faute
de la nature ; et la nature en cela est
favorable aux femmes elles-mêmes.
Qui donc se mettrait en état de pour-
voir aux besoins de la famille, si

l'homme passait son tems à soupirer,
ou à chanter comme à l'Opéra :

Quand on sait aimer et plaire,
Qu'il est doux d'aimer nuit et jour ?

———

L'âge des illusions, les momens
d'illusion, l'âge et les momens où
l'on croit vrai, non pas ce qui est vrai,
mais ce que l'on désire. Les hommes
ont des illusions quand ils sont jeunes; les femmes en ont à tous les
âges; et tout le monde en a dans les
tems de factions.

———

Le vulgaire, c'est-à-dire presque
tout le monde, reçoit ses opinions
toutes faites. Quand la fabrique est
mauvaise, on les reçoit mauvaises,
c'est-à-dire fausses, sottes, peu favo-

rables au bien-être de la société. Nous vivons encore en grande partie sur des opinions fabriquées dans des tems de barbarie ; nous les usons jusqu'au bout.

—

Ce n'est pas une preuve de la vérité d'une opinion, que de dire qu'elle est généralement reçue. Ce fut une opinion bien générale pendant un tems que les épreuves par le duel et par les élémens, qu'on appelait *jugemens de Dieu*, étaient la meilleure de toutes les jurisprudences, puisque Dieu, qui est la justice même et qui est tout-puissant, ne pouvait laisser condamner un innocent. Quel tribunal lisait mieux dans les cœurs ? quel plus intègre ? quel plus indépendant de l'influence des hommes ? Hé bien, y a-t-il maintenant un seul homme

dans les cinq parties du monde qui
veuille prendre la défense des jugemens de Dieu ?

———

، L'usage est la loi des gens médiocres, comme les proverbes sont la
morale du peuple. Mais les proverbes valent mieux que l'usage.

———

C'est l'usage, est une mauvaise raison qui dispense d'en donner une
bonne.

———

Pour n'être surpris de rien, il ne
faut pas être moins sot que pour être
surpris de tout. Si un certain fonds
d'instruction et de réflexions est nécessaire pour comprendre comment
une chose qui paraît un prodige n'est

qu'une conséquence très naturelle de
la nature des hommes ou des choses;
dans d'autres circonstances il faut une
profonde sagacité pour comprendre
combien ce qui paraît tout simple,
est au-dessus de la portée ordinaire
des capacités humaines, ou enfin quel
concours difficile de circonstances il a
fallu pour produire un tel effet.

———

Idée fixe : démence.

Parti pris, à certains égards, de
manière à ne pouvoir plus consulter
la raison : préjugés.

Jugement libre sur tous les points
et dans toutes les conditions : sagesse.

———

La plus belle pensée, la plus neuve,
la plus utile, n'obtiendront jamais

en public autant d'applaudissemens qu'un lieu commun de morale.

———

Lorsqu'on met en avant un principe incontestable, il faut s'attendre qu'il sera contesté. Il est vrai qu'ensuite il prend racine, puis grandit, puis enfin est adopté par tout le monde; mais il n'en est pas moins constant que la vérité ne brille pas de son propre éclat. Le tems est un élément indispensable pour son triomphe.

———

Il n'est pas si difficile de trouver une vérité que de la faire entrer dans les esprits.

———

On ne peut devenir *homme supé-*

rieur à volonté ; mais au point où nous sommes parvenus, il n'est personne qui ne puisse accroître considérablement sa capacité. Que faut-il pour cela ? De bons livres et de la réflexion. La lecture nous rend maîtres de l'expérience et des découvertes du passé, et la réflexion nous apprend l'usage qu'il en faut faire.

———

Le tems éclaircit bien des questions ; mais que d'opinions deviennent problématiques avec l'âge ! La vieillesse est la mère du doute.

———

On pourrait faire un essai historique assez piquant sur le danger des plaisanteries. En France surtout, c'est l'arme qui blesse le plus et qu'on pardonne le moins. Une plaisanterie sur le prince de Condé fit perdre à Saint Evremont la charge de lieutenant dans les gardes de ce prince ; une autre plaisanterie lui fit perdre sa fortune sous le ministère de Mazarin ; et une troisième plaisanterie, sur les créatures de ce cardinal, le força à s'exiler en Angleterre où il mourut.

Beaucoup de guerres n'ont eu pour cause que des plaisanteries mordantes, comme celles du roi de Prusse sur les maîtresses de Louis XV. On sait que Bonaparte n'y était pas insensible. On en peut juger par le long exil de madame de Staël, de madame de Bourdic, etc.

———

La vengeance est un morceau de roi ; mais il faut y prendre garde, car c'est le morceau indigeste.

———

Quand on sort de lire les Vies de
Plutarque, on est fier d'être homme.
Lorsqu'on vient de lire les Maximes
de Larochefoucauld , on en est honteux. Larochefoucauld fut, dans sa
jeunesse, un intrigant politique ; un
homme de bonne société et de mœurs
douces plus tard ; un homme d'esprit
dans tous les tems ; un grand caractère, jamais.

———

On veut être apprécié ; mais on
n'aime pas à être apprécié tout juste
ce qu'on vaut.

———

A coup sûr, votre principal mérite,
aux yeux d'un homme quel qu'il soit,
est de savoir apprécier le sien. Je me
trompe, vous pouvez avoir un mérite
supérieur encore à celui-là : c'est de

reconnaître le mérite qu'il croit avoir plutôt que celui qu'il a. Par une conséquence naturelle, votre plus grand tort à ses yeux, est de le remettre à sa place.

———

Certains hommes qui ont des talens, du mérite, du génie même, ne se plaisent que dans la société de leurs inférieurs, afin d'y briller. Mauvais calcul : en se mêlant avec les sots on dégénère ; en se frottant contre des gens d'esprit, il reste quelque chose du parfum.

———

On favorise la jeunesse ;
Mais avec l'âge mûr on agit de rigueur.

C'est encore dans cette malheureuse vanité humaine qu'il faut cher-

cher la cause de cette disposition.
Avec les jeunes gens, on est dans une
attitude de protecteur; on donne des
avis, on est bien aise que le succès
les justifie; on compte sur leur reconnaissance. Mais, quant aux hommes faits, on les traite comme des
émules, des concurrens, et souvent
même comme des ennemis. On ignore
que la bienveillance provoque la
bienveillance, et que, dût-on rencon-
trer des ingrats, c'est encore un assez
beau partage que de faire des ingrats.

———

Il y a parmi les hommes une sorte
de solidarité qui fait qu'on est fier
quelquefois, et souvent honteux,
d'être de l'humanité. C'est ce que sen-
tait le comte de Montécuculi, rival
de Turenne et digne de l'être, puisqu'il sut l'apprécier, lorsqu'il dit en

soupirant de la mort de ce guerrier citoyen : *Il fesait honneur à l'homme.* Ne dit-on pas de beaucoup d'autres qu'ils sont *la honte de l'humanité?* La solidarité des hommes entre eux est plus étroite encore quand il s'agit, non de l'humanité tout entière, mais d'une nation en particulier. On est plus fier d'une qualité, on rougit davantage d'un travers, qui ne sont point partagés par d'autres nations. Cette observation est encore plus sensible de province à province, de famille à famille. La solidarité plus réduite marque davantage.

Il existe un peuple insulaire où tout est justifié, du moment que la nation y trouve son avantage. Trouvez-vous ce caractère national beaucoup plus recommandable que celui de l'égoïste dont la justification équivaut toujours à ceci : *De quoi vous plaignez-vous? ce que j'ai fait, c'était pour mon bien.*

———

Milord, pensez-vous que le dédain anglais soit beaucoup plus facile à supporter que la jactance française?

———

Des hommes sont faits de même sorte, mais leur naturel se manifeste de différentes façons. La vanité du sauvage consiste à se montrer la figure et le corps bien barbouillés de taches indélébiles, avec de belles plumes à la tête, au derrière. La vanité de l'Italien consiste à placer, s'il peut, des galons sur les mêmes endroits. La vanité de l'Anglais et du Turc gît à ne point compromettre

leur dignité nationale; à s'enfoncer
dans leur morgue et dans leur gravité;
et surtout à ne jamais laisser croire
que vous puissiez leur être utile, ou
les instruire, ou les amuser. L'orgueil
national des Anglais s'attache à tout :
à l'énormité de leur dette, bien qu'elle
soit un malheur et une iniquité ; aux
nombre des criminels qu'ils condam-
nent, des pots de bière qu'ils avalent
et des rôtis qu'ils dévorent. Ils disent
et même pensent du mal des étrangers ; ce qu'il y a de louable chez les
étrangers est toujours, du moins,
fort au-dessous de qui se fait chez
eux-mêmes ; ils affectent un silence
dédaigneux, marchent par enjam-
bées, et n'accordent nulle attention
à ce qui se passe à côté d'eux. La vanité du Français n'est pas si exclusive.
Sans chercher à humilier les autres,
il aime à faire valoir les avantages

qu'il a, quelquefois même ceux qu'il n'a pas ; et s'il est convaincu de fanfaronnade, il en rit le premier, pourvu que vous n'affectiez pas de le rabaisser. Rendez justice à sa bravoure, et tout vous sera pardonné. Quel peuple se vante du bien qu'il a fait aux autres ? aucun. Oh ! que nous sommes encore égoïstes et même un peu sauvages !

———

En Angleterre la campagne offre des paysages délicieux ; on y voit des habitations propres et soignées, de jolis jardins, de beaux arbres, des fleurs ; cependant l'ensemble est triste, comme le sourire d'une personne malheureuse. Dans ce pays les réunions de plaisir, les fêtes populaires, les farces même sont tristes.

———

On peut connaître qu'une nation
est plus ou moins avancée dans la civilisation selon qu'elle estime plus ou
moins la fermeté et la justice, et méprise plus ou moins les qualités du
spadassin. De tous les hommes, c'est
le sauvage qui fait le plus de cas des
armes ainsi que de la force du corps,
et qui a le moins d'égard pour la raison.

———

Il est un pays sous le quarante-
neuvième parallèle, où l'on cède de
bonne grâce à la force, et où l'on dis-
pute toujours contre la raison.

———

Depuis longues années, par de pro-
fondes méditations, je cherche en
vain à découvrir lequel des deux est
le plus ridicule, d'un grand benêt,

dans la force de l'âge, marmottant à
deux genoux ses patenôtres ; ou bien
d'un bourgeois affublé d'une peau
d'ours sur la tête, d'une moustache
postiche, et se croyant un sapeur.

———

Tatouage (1) des sauvages de la mer
du Sud, *moustaches* des sauvages
d'Europe ! même chose. Hélas ! quel
homme est en droit de se moquer
d'un autre !

———

Entre l'enfant qui bat le tambour
qu'on vient de lui acheter à la foire,
et l'officier qui, fier des épaulettes
dont il a reçu le brevet, promène à
pied ses éperons, en usant le pavé du

———

(1) Peintures baroques dont se barbouillent
les sauvages.

bout de son sabre, la différence n'est pas si grande que beaucoup de gens voudraient nous le faire croire.

———

Aux combats de taureaux, un boule-dogue se jette sur l'animal que son maître lui désigne et qui ne lui a fait aucun mal ; il le déchire, et la gueule ensanglantée revient tout fier demander sa récompense. Sauf que le boule-dogue ne marche pas sur deux pattes et n'a pas l'épée au côté, quelle différence trouvez-vous entre lui et un militaire? Je ne veux pas dire un soldat : cet infortuné marche contre son gré, et s'il ne tue pas, on le tue. Je veux dire un officier, et encore mieux un maréchal qui peut rester chez lui, et déclarer nettement qu'il ne prendra nulle part à une guerre qu'il désapprouve. — C'est

mon métier, dira l'officier. Si je massacre mes semblables, c'est au péril
de ma vie. — Hé! malheureux, ne
voyez-vous pas que le voleur de grand
chemin peut donner la même excuse.

On sent que la guerre de politique
et d'ambition est la seule dont il
puisse être ici question. Celle qu'une
nation livre pour se défendre contre
l'attaque ou les préparatifs d'un ennemi ; c'est un acte forcé, comme le
coup de pistolet qu'on tire à celui qui
vous demande la bourse ou la vie.

———

Tout le monde entend ce que c'est
que le courage militaire, ce courage
qui fait braver le danger dans les
combats, et même qui fait supporter
les privations et les fatigues de la vie
militaire. Les mots *courage civil* pré-
sentent des idées un peu moins clai-

res. Celui-ci est ce courage qui, dans les diverses situations où l'on peut se trouver dans la vie sociale, nous porte à sacrifier volontairement la sûreté de notre vie, et les agrémens de notre position, notre réputation, s'il le faut, nos espérances, enfin tous les avantages sociaux auxquels nous pourrions, prétendre.

L'un et l'autre courages peuvent être inspirés par de nobles motifs, ou simplement par nos passions ou par nos vices. On voit des hommes hasarder leur vie dans les combats pour défendre leur pays, et d'autres pour soutenir un tyran qui les paye, d'autres encore par un *point d'honneur* qui n'est qu'une vanité puérile, lorsqu'il n'a point un but utile. On a vu des hommes déployer un grand courage civil dans la défense de la plus noble des causes, et d'autres par

un simple esprit de parti ou par une
opiniâtreté que rien ne justifiait. Le
tribun Métellus s'opposant à la spo-
liation du trésor public par César, et
Caton défendant pied à pied la liberté de Rome contre le même usur-
pateur, ont montré du courage civil.
Sully déchirant, en présence d'Henri IV, la promesse de mariage que
ce prince allait donner à Gabrielle
d'Étrées, a fait preuve du même
courage. Les uns et les autres étaient
animés des plus nobles motifs. Le
théologien Lambert, qui se fit brûler à l'appui de la thèse qu'il avait
soutenue' contre le roi d'Angleterre
Henri III, n'était qu'un entêté.

Le courage militaire a de tout
tems été plus dangereux qu'utile
pour les nations. Les armées attirent
la guerre. La guerre, si elle est malheureuse, vous asservit à l'étranger,

et vous payez tribut ; si elle est heureuse , elle vous asservit à un chef
militaire, et vous payez tribut. Pour
défendre l'indépendance , il ne faut
que des milices ; elles suffisent aux
nations qui prétendent à être bien
administrées , et qui ne veulent pas
être conquérantes (1).

Le courage civil, s'il est mal entendu , n'est funeste qu'à lui même.
Il a souvent sauvé les peuples, et
ne leur a jamais été contraire. Quel
mal peut faire un homme dont le
courage n'est pas de massacrer, de
ravager, de dompter, mais de périr ?

Une société qui connaîtrait ses
vrais intérêts ne distribuerait donc

---

(1) De notre temps, l'Europe n'a été rava-
gée que par des troupes régulières, et l'indépendance des États n'a été sauvée que par des
milices.

jamais son admiration , ses décora-
tions et ses récompenses, au courage militaire, mais au courage civil.

———

Vous êtes glorieux de ce que votre
gouvernement lève de grosses armées, recule ses frontières, dicte
des lois au loin! Insensé! en êtes-
vous plus riche et plus heureux? Les
simples citoyens disparaissent dans
ces énormes masses qu'on appelle de
grandes nations. Ils ne sont plus que
des gouttes d'eau entraînées dans le
vaste courant d'un fleuve, et qui,
bien loin d'influer sur son cours, ne
peuvent pas même y être aperçues.

———

Tous les gouvernemens (les meil-
leurs comme les plus mauvais), affectent les intentions les plus pures,

les plus généreuses, les plus grandes. On fait des dilapidations en parlant d'économie, des guerres en protestant de son amour pour la paix, des spoliations par respect pour la justice, et des actes arbitraires au nom des lois! Aussi, je le vois, vous ne croyez plus à ces belles enseignes. Vous n'entrevoyez aucun moyen de juger de l'honnêteté du pouvoir. Cependant il en est un ; il est même infaillible. Rappelez-vous le vieux proverbe : *Dis-moi qui tu hantes, je te dirai qui tu es.* Faites-y un léger changement, un mot.... Vous n'y êtes pas? Non. — *Dis-moi qui tu places....* Ah! vous y êtes.

———

Ce n'est pas sur des mots qu'il convient de juger les princes. Un mot heureux n'est souvent que le

charlatanisme d'un homme d'esprit.
Quand Bonaparte répondit à un aca-
démicien qui voulait que la noblesse
fût un titre pour être admis à l'Institut : *Ah ! monsieur de Fontanes ,
laissez-nous tout au moins la république des lettres* , y eut-il une seule
personne douée d'assez de bonhomie
pour s'imaginer que Napoléon vou-
lût laisser subsister quelque liberté ,
même à l'Académie? Notons les actions et non pas les paroles. Ce n'est
pas la *poule au pot* qui me montre
l'excellence du caractère de Henri IV :
je la trouve dans cet hommage irré-
cusable qui lui est rendu par Sully :
« J'aurais voulu que ce prince, ren-
» dant justice à ceux qui le servaient
» avec zèle et affection , eût refusé
» tout autre secours, et se fût jeté
» dans leurs bras. Je me persuadais
» qu'après cette démarche éclatante

» l'Angleterre, la Hollande et tout
» ce qu'il y a de puissances protes-
» tantes en Europe, auraient fait en
» sa faveur de si puissans efforts,
» qu'ils auraient suffi à le mettre sur
» le trône sans qu'il en eût eu aucune
» obligation aux catholiques. En ce-
» la, comme dans tout le reste, les
» lumières du roi étaient bien supé-
» rieures aux miennes. Il comprit,
» dès le premier instant, qu'un
» royaume tel que la France ne s'ac-
» quiert point par des mains étran-
» gères; et quand même il aurait
» jugé la chose possible, c'était le
» cœur des Français plus que leur
» couronne que ce bon prince vou-
» lait conquérir; et il regardait
» comme leur bien légitime les ré-
» compenses qu'il eût été obligé, en
» ce cas, de donner, à leur pré-
» judice, à ceux qui auraient été

» les auteurs de son élévation (1). »

———

On a vu des hommes au sommet
du pouvoir ne rien faire pour l'humanité et pour la vraie gloire, parce
qu'ils méprisaient l'humanité et l'o-
pinion des hommes. Ils jugeaient
l'humanité d'après eux-mêmes ou
tout au plus sur de mauvais échantil-
lons. Présentant des appâts à toutes
les passions viles, toutes les passions
viles ont volé vers eux ; et ce qui les
entourait était pour eux le monde.
Mais le monde était ailleurs que
dans leur mascarade. On a pu les
comparer à ce nocher qui, préoc-
cupé de l'idée qu'il n'avait à percer

———

(1) Mém. de Sully, liv. v, année 1592.

qu'un nuage, est allé se briser contre un rocher.

———

L'ambition, comme la colère, conseille presque toujours mal.

———

Les mauvais gouvernemens sont enduits d'une espèce de glu à laquelle viennent s'attacher l'avidité, la délation, le mauvais sens, tous les vices, et qui inspirent un insurmontable dégoût aux bonnes intentions, aux vues élevées, à la saine raison. Qu'arrive-t-il? les mauvais gouvernemens se font mépriser et haïr; mais ils ont pour eux les méchans qui sont plus maniables, moins scrupuleux; et les mauvais gouvernemens, tout mauvais qu'ils sont, peuvent durer long-temps, parce

qu'un changement est toujours difficile et dangereux.

Je me suis hasardé une fois de
repocher à Napoléon qu'il dépravait
la nation. Il est impossible de rendre
la finesse du dédain avec lequel il
me répondit : *Vous ne savez donc pas
encore que l'on gouverne mieux les
hommes par leurs vices que par leurs
vertus ?* Où cette prétendue habileté
l'a-t-elle conduit? Quel est l'avantage
d'avoir pour soi les pervers ou les
sots, dont le règne n'a qu'un tems,
parce que tout l'ébranle, et d'avoir
contre soi le bon sens, les lumières
et la bonne foi, dont chaque nouvelle circonstance avance l'autorité,
et dont le règne est le plus inébran-
lable, parce qu'il est fondé sur l'in-
térèt du plus grand nombre ?

La simple droiture et les bonnes
intentions dans les rois, quand elles
se manifestent autrement que par des
paroles, sont une si excellente chose,
qu'elles ont suffi pour faire des
grands hommes. Otez cela à Henri IV, et ce n'est plus qu'un officier
galant et brave. Mais sans l'amour du
bien public, qu'il faut de talens et de
circonstances favorables pour faire,
je ne dis pas un grand homme (il n'en
est point sans l'amour du bien public), mais seulement un grand personnage !

———

Pour peu que l'on continue à donner le nom de grands hommes aux
dévastateurs de l'espèce, on va rendre ce mot odieux. Celui de *héros* est
déjà presque ridicule. Le véritable
grand homme est l'homme qui de-

vance son siècle, en quelque genre
que ce soit, qui lui fait faire quelques pas en avant. Que dirons-nous
de ceux qui ne peuvent pas le suivre?

———

Acéphale prend un cocher qui le
verse dans un fossé à gauche du chemin. Il se relève un peu meurtri,
et change de conducteur. Celui-ci le
verse à droite : *Ho, ho!* dit-il.... *il
n'y a pas de route.* Acéphale, la
route existe; elle est belle ; mais tu
prends de mauvais cochers.

———

Le public aime un peu les gens qui
sont bons, et beaucoup ceux qui
pourraient être méchans, et qui ne
le sont pas. Donnez-moi le pouvoir
de faire du mal : en me croisant les
bras je vais me faire adorer.

———

Les bonnes gens disent : Le prince a de bonnes intentions; il est seulement fâcheux qu'il soit mal conseillé. Mais on ne donne jamais aux princes que les conseils qu'ils aiment à recevoir. Ce sont les mauvais princes qui font les mauvais conseillers, et les bons princes qui font les bons. Caligula n'en a point eu de bons, et Marc-Aurèle n'en a point eu de mauvais; et cependant de l'un de ces règnes à l'autre, la corruption des Romains avait fait des progrès. Marc-Aurèle aurait trouvé en abondance des hypocrites et des méchans s'il en avait eu besoin, témoin ceux que trouva son successeur. Les rois ne sont jamais innocens des fautes et des crimes qui se commettent sous leur gouvernement.

C'est une chose qui m'a toujours
semblé une insulte au public, que
ces discours d'apparat, à la louange
du prince, ou de quelque autre,
où un orateur prononce en termes ronflans le contraire de ce
qu'il pense, devant une assemblée
qui sait le contraire de ce qu'il dit.
Et que penser de ce public qui digère
patiemment, sans avoir l'air d'en
être trop incommodé, des bassesses
auxquelles il a l'air de prendre part,
des mensonges qu'il ne peut contre-
dire, et des sottises qu'il ne lui est
pas permis de siffler?

———

Ce qui devrait dégoûter de la flat-
terie et des flatteurs, c'est de voir
que jamais les bons princes n'ont été
loués autant que les mauvais. Tibère
fut loué de ses mœurs, et Néron d'a-

voir égorgé sa mère. Ce qui valut le plus d'éloges à Louis XIV, à qui l'on en pouvait donner tant d'autres à juste titre, ce fut la révocation de l'édit de Nantes.

La vérité seule est flatteuse, de même que la seule vérité peut faire outrage. Quel magnifique éloge que le vers de Turgot sur Franklin !

Eripuit cœlo fulmen, sceptrumque tyrannis.

Rien ne peut donner une idée plus haute de la capacité de son esprit, et en même tems de l'excellence de sa morale. Mais supposez que Franklin n'ait pas en effet arraché la foudre au ciel et le sceptre aux tyrans, cet éloge est moins que rien.

—

Les sobriquets que les beaux es-

prits de cour ou les historiens de
collége ont ajoutés aux noms de
certains princes ne peuvent plus convenir à un siècle éclairé où l'on se
pique de ne plus juger sur l'étiquette
du sac. Qui pourrait maintenant reconnaître dans Charles le victorieux,
l'indolent amoureux d'Agnès Sorel ;
et dans Louis le juste, le plat exé-
cuteur des volontés du cardinal de
Richelieu, et le bourreau du ver-
tueux de Thou?

Je ne sais pourquoi, mais cela
porte malheur à la gloire des princes d'être salués de leur vivant du
nom de grand. Alexandre-le-Grand
ne passe plus que pour un grand
fou ; à peine sait-on à présent que
François Ier, roi de France, fut appelé généralement François-le-Grand
jusqu'à sa mort ; Louis-le-Grand
est redevenu Louis XIV, heureux si

nos neveux ne l'appellent pas Louis-le-Fastueux; Frédéric-le-Grand commence à redevenir Frédéric II, roi de Prusse..... Je vous fais grâce des autres. Quelques uns n'ont pas attendu leur mort pour être dégalonnés.

———

Il y a des personnes que le ciel a douées pour les grands d'une jalousie involontaire, invincible, inépuisable, que ne peuvent désarmer ni le caractère le plus noble ni les desseins les plus purs. Un grand est-il affable, humain, désintéressé, c'est une ambition cachée; fait-il une belle action, pur charlatanisme; un homme fait-il un bon ouvrage, ce n'est pas lui qui l'a fait. Que faut-il donc, messieurs, qu'il fasse pour que vous

soyez contens? Il faut qu'il tombe
dans l'infortune..... Je m'en doutais.

———

Il y a des personnes que le ciel a
douées d'une affection vive, sincère,
dévouée, pour les grands. A les entendre, les dépositaires du pouvoir
n'ont jamais une intention perverse;
ils ne font que de belles actions et ne
disent point de sottises. Accuse-t-on
devant ces personnes un homme en
place de vanité, d'ambition, d'avidité
sordide, de basses complaisances,
c'est une calomnie à coup sûr; ou, si
le fait ne peut être nié, on aura surpris sa religion; de mauvais conseils
auront détruit le fruit de ses bonnes
intentions. Ce n'est pas seulement en
sa présence qu'on en dit du bien,
c'est partout. Que dis-je? on le pense
dans le secret de son cœur..... Vous

souriez : vous croyez, je le vois, que cette grande chaleur d'amitié qui vient à point quand la puissance arrive, et qui s'en va de même, est jouée, qu'elle est le résultat d'un calcul personnel..... Détrompez-vous : c'est une affection véritable ; elle est désintéressée..... Oui, désintéressée : elle a lieu pour les puissans mêmes de qui l'on n'a rien à espérer, rien à craindre. Et du moment qu'ils sont tombés, l'indifférence qu'on éprouve pour eux est réelle ; on se la reproche ; on la déguise ; mais elle y est. On affecte bien encore pendant quelque tems de l'attachement ; mais c'est par décence ; et l'on joue gauchement ce sentiment par la raison qu'au fond on ne l'éprouve plus.

Les mêmes personnes se trouvent tout naturellement animées d'une sainte colère contre les imbéciles,

les téméraires, j'allais dire les coquins
qui ne réussissent pas. — Mais un tel
soutenait la cause de la justice et de
l'humanité..... — De quoi se mêlait-
il? — Et voilà mes gens fiers de ne
s'être pas compromis, précisément
comme s'ils eussent fait une belle
action.

Ils vous paraissent un peu bas et
tant soit peu ridicules..... Hé bien!
le gros du public les approuve, et
qualifie du nom de bonne conduite,
une conduite qui lui est si préjudi-
ciable.

———

La perversité fait le mal; la faiblesse le permet; l'ignorance y ap-
plaudit.

———

On parvient presque toujours au

pouvoir par les sottises d'autrui,
plutôt que par sa propre habileté.

———

En politique le plus sage et le plus
sûr est de ne vouloir que ce qui est
utile, juste et fesable; mais il ne suffit pas de le vouloir : il faut le faire
et le faire de bonne foi.

———

Les qualités qui font réussir en ad-
ministration, en affaires, sont une
imagination féconde en ressources;
un jugement sain qui indique celles
qu'il faut employer; l'activité qui ne
perd aucun instant et saisit l'occasion;
la persévérance qui ne se rebute pas
des obstacles, et le courage qui les
surmonte.

Or tous ces moyens de succès peuvent être employés dans un mauvais

but, ou bien dans un bon. Celui qui
les emploie à satisfaire des vues personnelles et funestes à la société, est
un intrigant, quel que soit le poste
où il est monté, fût-ce un trône.
Celui qui les emploie pour le bien de
l'humanité, ou seulement d'une nation, est un grand homme.

Les nations qui se comptent pour
quelque chose, applaudissent, secon-
dent les grands hommes et les font
naître ; les autres font naître les in-
trigans.

———

Dans les desseins méprisables, les
moyens odieux font horreur. Si le
but est généreux tout se pardonne.
Aussi est-il plus facile de faire le bien
que le mal, et bien fous sont ceux
qui, placés pour le faire, en laissent
échapper l'occasion.

———

9

Les âmes élevées se mettent à genoux devant le mérite ; les âmes communes devant le succès. Pour celles-ci le succès justifie tout ; pour les autres le succès lui-même a besoin d'être justifié.

———

La fortune, de même qu'un ballon aérostatique, peut bien élever un prince très haut ; mais pour être soutenu à cette élévation, il faut qu'il se pose sur une base. Or cette base, quand les nations s'éclairent, c'est la bonne foi, ce sont les intérêts nationaux. Rien de plus à craindre pour les grands, que les conseillers qui tiennent un autre langage.

———

En affaires politiques, il y a deux manières de tirer parti de son talent :

les uns cherchent à se faire acheter ;
les autres à servir la chose publique
avant tout. Le premier moyen est le
plus expéditif ; le second est le plus
honorable ; peut-être, à tout prendre,
est-il le plus sûr.

———

C'est une des sottises du vulgaire
que de prêter aux grands toutes les
lumières et toutes les bonnes intentions, jusqu'à ce que le contraire lui
soit démontré. On met bien plus de
prudence dans les relations ordinaires de la vie. Quand vous traitez avec
les plus honnêtes gens, vous commencez par des stipulations qui vous
mettent à l'abri de leur mauvaise foi
supposée, de leurs préjugés, de leurs
passions ; et quand vous remettez aux
mains de ceux qui vous gouvernent,
votre sort, votre fortune, le sort du

pays, de votre postérité, vous ne pré-
sumez point de mauvaise foi , point
de préjugés, point de passions ! vous
regardez toute garantie comme un
outrage ! Cessez donc de vous plaindre quand on viole vos libertés,
quand on dilapide votre bien.

———

Faites-moi un tyran aujourd'hui ,
et je me charge de vous trouver de-
main des avocats pour justifier ses
opérations, des bourreaux pour exé-
cuter ses ordres , et des feseurs de
madrigaux pour célébrer ses vertus.

———

Qu'est-ce que la philosophie? c'est
l'art de voir les choses telles qu'elles
sont. C'est pour cela qu'elle déplaît
tant à ceux qui ont intérêt qu'on
les voie comme il leur convient.

———

L'homme qui est en dehors d'une académie est souvent bien au-dessus de celui qui est dedans.

———

Le plus grand des hypocrites, c'est le public.

———

Certaines personnes craignent de blâmer les méchans lorsqu'ils sont en pouvoir, et s'en font scrupule lorsque leur règne est passé. C'est une disposition que les méchans trouvent excessivement louable, et qui obtient leurs éloges en toute occasion.

———

Les âmes communes ne paraissent grandes que dans le succès. Il est si facile de briller quand on a obtenu

un poste éminent ou qu'on vient de
gagner une bataille ! Les grandes
âmes ne le paraissent jamais tant que
lorsqu'elles descendent. Quelle scène
majestueuse que les adieux de Washington aux officiers de son armée,
lorsqu'il retourna chez lui simple
particulier après la guerre de la révolution d'Amérique ! Le cœur gros
d'émotion, il serra successivement la
main à tous les officiers sans pouvoir
proférer une parole ; et ceux-ci,
étouffés par leurs larmes, ne purent
exprimer davantage les sentimens
dont ils étaient pleins. J'avoue que
je préfère cela à une audience de
cour, où des personnages de comédie
viennent gravement prononcer des
discours communiqués d'avance, et
écouter des réponses dont ils ne
croient pas un mot.

Et lorsque ce même Washington,

après avoir pendant huit ans affermi
la liberté de sa patrie, quitta la pré-
sidence où il avait été appelé, véritablement appelé , combien sa simpli-
cité ne rehaussa-t-elle pas sa gloire !
Il remit solennellement dans la cham-
bre des représentans, à John Adams,
son successeur, l'exercice et les mar-
ques de son autorité ; et après s'être
rendu à cette cérémonie dans un car-
rosse à quatre chevaux , il se perdit
à pied dans une foule immense, où
la reconnaissance publique eut de la
peine à le découvrir, pour lui payer
le tribut spontané de ses acclamations.

Auprès de cela , quelles nausées ne
donnent pas ces applaudissemens
achetés par la police de Rome quand
Néron paraissait en public.

—

Sommes-nous réduits à dire tou=
jours, comme Franklin disait une
fois : « Notre nouvelle constitution
» est maintenant établie, et semble
» promettre de se consolider ; mais,
» hélas! hors la mort et les impôts,
» qu'y a-t-il de certain dans le
» monde (1)? »

———

Il s'est fait plusieurs révolutions à
cause des finances, à commencer par
celle des États-Unis qui date de l'im-
pôt sur le thé. Il s'en fera d'autres
encore.....— Hé bien, qu'en voulez-
vous conclure? Donnez - nous un
moyen de les prévenir. — Le moyen
est simple ; il est tout trouvé ; mais je
n'ai garde d'en parler. — Pourquoi

—————

(1) Franklin, Correspondance, t. I, p. 298.

donc ? — Parce que c'est folie de donner des conseils que personne ne veut
suivre. — Mais encore ? — Tenez : il
n'y a qu'un mot qui serve : on veut
pouvoir consommer en fesant des sottises, ce que nous ne pouvons produire qu'à force de peines (1). Ajou-
tez à cela quelques accessoires, faites
passer la scène où bon vous semblera,
donnez des noms aux personnages....
Aussi long-tems que certaines gens
qu'on appelle des *gouvernans*, auront
la faculté de dépenser l'argent que
d'autres qu'on nomme des *contribua-*

----

(1) Si quelqu'un me demandait l'explication
de ces mots *produire* et *consommer*, je serais
obligé de le renvoyer à une petite définition
en trois volumes, que j'en ai donnée, sous le
titre de *Traité d'économie politique, ou simple
exposition de la manière dont se produisent,
se distribuent et se consomment les richesses.*

bles, auront la peine de gagner, les uns abuseront, les autres se fâcheront, et une révolution arrivera.

———

En affaires, l'essentiel est de prendre un parti quel qu'il soit. Sans doute il vaut mieux prendre le bon ; mais c'est une considération secondaire. Le cachet de la médiocrité en tout genre est de ne savoir pas se décider. Ainsi, quelque paradoxale que semble la proposition, on est bon administrateur par cela seul qu'on ne laisse rien en arrière; on est un grand prince par cela seul qu'on dit : *Il faut que cela soit ainsi*. Mais l'excellence, en se décidant vite, est de prendre le meilleur des partis qu'il y ait à prendre, et de savoir s'y tenir.

———

Dans les affaires de politique ou
de commerce, dans la vie civile, un
usage modéré du crédit l'augmente,
un usage immodéré l'énerve. Il est
comme l'aimant; il est comme la
plupart de nos facultés physiques
et morales : elles se fortifient en
s'exerçant, mais s'affaiblissent lorsqu'on en abuse.

———

J'ai vu des gens qui se vantaient de
négliger les petites choses, et je n'ai
pas vu qu'ils se tirassent beaucoup
mieux des grandes.

———

Les grandes entreprises se présen-
tent de loin comme ces chaînes de
montagnes que le voyageur voit long-
tems à l'avance. Il n'en aperçoit pas
d'abord l'âpreté et les précipices ;

mais à mesure qu'il s'en approche,
il en mesure avec une sorte de ter-
reur l'escarpement et les abîmes; il
y voit des forêts coupées de ravins,
des chemins bordés de profondeurs,
des ponts dangereux et des descen-
tes hasardeuses ; mais quand on est
parti, que faire ? Il faut arriver.

Quand on voit l'impéritie et l'im-
probité avec lesquelles les affaires
sont menées à certaines époques, et
au contraire le grand nombre de
beaux talens et de nobles caractères
qui se manifestent en d'autres tems,
on serait tenté de croire que la nature
est inégale dans ses dons. Rien n'an-
nonce pourtant qu'elle se démente
quand les circonstances et le climat
sont les mêmes. Faut-il dire ce que
j'en pense ? Aux époques où l'on ap-

précie les nobles qualités, elles se développent et se manifestent. Quand, au contraire, il n'y a ni pouvoir, ni fortune, ni même.... (et c'est là qu'est la honte), ni même des applaudissemens pour les belles et bonnes actions, elles ne germent pas. Un champ où l'on ne cultive pas le blé, est envahi par les chardons.

———

Rendre intéressans par la persécution, des hommes qui ne le seraient nullement par leur caractère, faute grossière en politique.

———

Lorsque les Français s'emparèrent de Genève et détruisirent son indépendance, les aigles vivans représentés dans les armoiries de cette république, et qu'on gardait dans une cage à l'entrée du port, furent lâchés et s'envolèrent : on ne voulut pas que les vainqueurs pussent en faire trophée. La liberté avait rendu ces aigles esclaves; l'esclavage les rendit libres. Qu'avaient-ils fait pour être mis en cage? Qu'avaient-ils fait pour être rendus à la liberté?

Le gros des nations n'est-il pas, à certaines époques, traité de la même façon?

———

Chez l'homme inculte, le patriotisme ne s'étend pas au-delà de sa tribu, de son village. Dans cet état, il n'est pas rare de voir deux peuplades voisines se faire la guerre. Quand l'homme est plus éclairé, son patriotisme s'étend à son pays tout entier. Plus éclairé encore, il s'étend à l'humanité.

———

Le bien public est toujours le pré-
texte, et le bien particulier le vrai
motif des actions du commun des
hommes. Dans leurs momens d'épan-
chement, ils en font tous l'aveu; ils
regardent comme autant de dupes les
hommes qui véritablement sacrifient
leurs intérêts à celui du public. Il
faut bien que cette inculpation (que
chaque parti rejette sur ses antago-
nistes) ait quelque fondement; et
cependant, au milieu de tout cela, le
bien public se fait. Je n'en veux pour
preuves que les progrès des nations.
Elles sont incontestablement plus
riches et plus populeuses qu'elles
n'étaient : les vengeances modernes,
les guerres, les punitions, sont
moins féroces, les infortunes sont
mieux soulagées; et si ce n'était que
l'impression des maux actuels est
toujours plus vive que celle des maux

anciens, on conviendrait qu'au total on est plus heureux, ou, si l'on veut, moins malheureux qu'autrefois.

Si l'intérêt privé est toujours préféré à l'intérêt général, comment le bien public est-il dans un état progressif ? C'est qu'il n'est pas toujours incompatible avec les intérêts privés ; c'est que la vivacité avec laquelle chacun soutient ses intérêts particuliers, est avantageusement balancée par le grand nombre de ceux qui s'intéressent faiblement au bien public ; c'est enfin parce que, malgré la mauvaise opinion qu'on peut avoir du genre humain, il renferme, surtout chez les peuples éclairés, plus de gens qu'on ne croit qui se trouvent être capables de s'élever à des considérations générales.

Il n'est si mauvaise cause en faveur de laquelle on ne puisse appor-
ter quelque bonne raison. On a fait
l'éloge de la folie, de la fièvre, de Néron ; et dans tous ces éloges, il se
trouve des raisons en vérité très plau-
sibles. S'ensuit-il que ce soient de
bonnes choses ? Nullement. Et pourquoi ? C'est qu'il y a des raisons encore meilleures à donner contre elles.
Pour juger une question tout entière, il faut donc écouter non seulement le POUR, mais le CONTRE.

Or, dans les questions politiques,
le public, qui est le juge suprême
puisqu'il s'agit de lui-même et de ses
intérêts, entend - il le *pour* et le
contre ? Jamais. Ses conseillers s'ar-
rachent la parole ; et pour avoir toujours raison, le plus adroit, ou le
mieux soutenu, ôte la parole à ses
adversaires. Et ce pauvre public, au-

quel on a persuadé que par amour
pour la paix il ne fallait entendre
qu'une seule bande d'avocats, comment prendrait-il un parti éclairé !
Il commet des sottises; on le fait in-
terdire , et cela s'appelle GOUVERNER.

Je ne sais pourquoi l'on représente
toujours la liberté de la presse comme
un avantage au profit de ceux qui
écrivent; ce n'est pas cela du tout :
elle est entièrement dans l'intérêt de
ceux qui lisent , car ce sont eux qu'il
s'agit de tromper ou de détromper.

Il y a des écrivains qui voudraient
bien avoir le sens commun pour n'ê-
tre pas sifflés par les penseurs , et qui
pourtant voudraient défendre les
préjugés pour prendre part au butin.

Leur embarras est quelquefois risible.
Quand les tems sont bons, le public
se moque de ces auteurs-là ; quand
les tems sont mauvais, ils se moquent
du public.

———

Vive l'inquisition ! elle allait droit
à son but et avait trouvé le moyen
d'avoir toujours raison : c'était de
brûler ses adversaires.

———

On a dit que les voleurs craignent
les réverbères : les usurpateurs et les
tyrans les brisent. Quand l'imposture règne, la simple vérité est sédi-
tieuse.

———

Comme la peur est le plus grand
supplice des tyrans, le crime le plus

irrémissible à leurs yeux est de leur faire peur.

—

On peut faire des gorges-chaudes sur ceux qui se mêlent d'éclairer les nations. On peut même, selon l'occasion, leur faire avaler la ciguë ; mais en attendant les nations s'éclairent.....

— Ah ! oui ! s'éclairent ! Vous verrez que mon cordonnier va devenir un savant, et le monde un vaste institut !

— Eh ! non, vicomte, vous avez assez d'esprit pour savoir que cela ne se peut pas. N'essayez pas de prêter des ridicules au bon sens. Pouvez-vous ne pas vous apercevoir que peu à peu l'on se forme de plus justes idées des choses, qu'on les voit mieux sous leurs véritables cou-

leurs ! Tout homme n'est pas appelé
à s'occuper de tout , mais il connaît
mieux ses vrais intérêts , et jusqu'à
quel point vous contribuez au bonheur de son existence. Chaque jour
les charlatans sont un peu mieux mis
à leur place..... Vous vous ef-
frayez..... Rassurez-vous; ils ont le
tems d'achever leur rôle.

———

Il ne laisse pas d'être humiliant ,
pour l'homme qui a le plus d'esprit
et d'instruction , de penser qu'il n'y
pas de sot qui ne puisse lui appren-
dre quelque chose.

———

Un savant est un homme qui sait
de la chose dont il s'occupe tout
ce qu'on peut en savoir au moment
présent, qui est celui où les con-

naissances humaines sont le plus avancées. Un érudit sait ce qu'on en savait quand elles étaient au berceau.

Qu'est-ce qu'un charlatan? C'est un homme qui monte sur des tréteaux pour faire acheter sa drogue... — Monsieur, cette pensée est trop hardie; il faut la supprimer : on va dire que par *tréteaux* vous entendez une chaire à prêcher, une tribune, un trône... toute espèce de situation élevée d'où l'on peut parler haut et se faire entendre au loin.

Tout peut se dire, répète-t-on sur la foi les uns des autres ; la manière de s'y prendre fait tout passer. C'est vraiment une belle faculté, que de pouvoir hasarder en tremblant une vérité honteuse, dépouillée de ce qui fait son éclat et sa force, comprise seulement des hommes qui n'en ont pas besoin, et inattaquable par le pouvoir, parce qu'elle est hors de la portée de la sottise. Il est nécessaire cependant d'être compris des sots, la famille en est nombreuse ; et enfin, les demi-vérités sont en même tems, suivant l'expression de Chénier, des demi-mensonges.

———

Un écrivain dont les idées sont faites et arrêtées, se glisse toujours entre la crainte de n'être pas assez compris et celle de l'être trop.

———

De même que nous avons vu des erreurs remplacées par d'autres er-

reurs, elles peuvent être remplacées
par des vérités ; et même beaucoup
d'erreurs l'ont été ainsi. On croyait
généralement autrefois que la terre
était plate ; on s'imaginait que le so-
leil et le firmament tournaient autour
de nous. Cette erreur n'existe plus
et a été remplacée par la vérité. D'un
autre côté, il y a des erreurs détrui-
tes qui n'ont pas été remplacées du
tout. Les anciens prétendaient que
le laurier écartait la foudre ; maintenant on n'attribue cette propriété ni
au laurier ni à aucune autre plante.
Les anciens se trompaient : voilà tout.
On a donc vu des erreurs détrônées,
mais non pas des vérités. Le trésor
de nos lumières s'accroît tous les
jours, et rien ne saurait l'empêcher.

Un écrivain qui veut se faire esti-

mer long-tems et au-delà de sa vie,
outre le talent et les lumières, doit
avoir de la conscience et de la probité; car il lui est difficile, impossible peut-être, de les feindre long-
tems avec succès. Souvent la justice
du public est assez expéditive.... et
l'auteur qui a manqué de bonne foi
peut encore jouir de sa honte.

———

La franchise de l'expression est une
des qualités du grand écrivain, et
déplaît aux esprits médiocres. Quand
la réputation de l'écrivain est bien
consacrée, qu'elle impose, on s'en
plaint tout doucement : *Montaigne
heureusement est voilé par son vieux
langage. — Voltaire aurait mieux fait,
dans plusieurs de ses écrits, de parler
moins nettement sur certains sujets. —
J.-J. Rousseau pousse quelquefois la*

franchise trop loin. Mais si ces réputations n'étaient pas affermies, comme on traiterait ces pauvres grands hommes! ou plutôt comment ne les a-t-on pas traités! Quel cynisme! quelle impudence! Je ne sais si de leur vivant ils n'ont pas été traités de scélérats, dont en bonne justice on devait débarrasser la société.

———

Il y a un point sur lequel il faut se résigner quand on écrit : c'est d'être lu légèrement, et d'être jugé de haut en bas.

———

Les ouvrages d'un auteur qui est homme du monde et convive aimable, parviennent rarement à la postérité. Manque-t-il de connaissances,

d'esprit, de talent? Non sans doute;
mais le centre de ses combinaisons,
c'est le goût de son cercle auquel il
veut plaire. Remarquez qu'il en
est ainsi, même quand l'écrivain est
homme d'un grand mérite, et sa cot-
terie célèbre par l'esprit et le savoir.
Elle a toujours des intérêts, des affections, des opinions du moment, que
chacun de ses membres a perpétuel-
lement en vue, et auxquelles il est
impossible qu'il n'attache pas plus
d'importance que tout cela n'en mérite. Mais le globe tourne, la géné-
ration disparaît; d'autres intérêts, de
nouveaux rapports succèdent aux
premiers. Voyez alors quel immense
avantage a eu l'écrivain solitaire : il
n'a reçu le reflet d'aucune lueur du
moment; il a observé, il a décrit, au
moral ou au physique, la nature des

choses qui ne change point, et qui intéresse toujours.

———

L'homme qui médite constamment, qui vit en lui-même, tient trop de compte de ses idées et leur suppose une importance qu'elles n'ont pas toujours. Nos idées n'ont d'importance que par les applications qu'on en peut faire et l'influence qu'elles sont capables d'exercer sur notre sort ou sur celui des autres. Pour cela il faut qu'elles se rapportent tout à la fois à la nature de l'homme et aux circonstances où il se trouve. On peut faire de grandes découvertes sur la nature de l'homme en descendant en soi-même; mais pour connaître les circonstances où l'homme peut se trouver placé, les intérêts du jour, les préjugés et les passions du tems, la méditation devient insuffisante. Il faut étudier le monde comme Vernet qui, pour peindre les tempêtes, se fit attacher au mât d'un vaisseau battu par l'orage.

———

Dans un tems où il y a tant de livres, c'est déjà quelque chose qu'un ouvrage qui n'est pas fait *avec l'esprit d'autrui.* Si l'ouvrage est bon, c'est beaucoup ; s'il est excellent, il y a du génie.

———

Lorsqu'un auteur dit que c'est pour le cercle étroit de ses amis qu'il écrit de la prose ou *des vers sans prétention,* le public, qui n'est pas des amis particuliers de l'auteur, dit tout bas : Pourquoi écrire des choses qui ne valent pas la peine d'être lues? et si elles ne sont pas dignes du public, pourquoi en donner la préférence à ses amis? A qui d'ailleurs persuadera-t-on que lorsqu'on imprime c'est pour n'être pas lu?

Les lettres de madame de Sévigné, en partant deux fois par semaine, se succédaient peut-être un peu trop rapidement. Cela ne laissait pas aux événemens importans le tems de se présenter; et elle envoyait souvent à deux cents lieues des récits qui ne méritaient pas de passer au-delà du château voisin. Elle le sent elle-même; elle dit : *Quand je relis mes lettres, je suis toujours tentée de les brûler en voyant les bagatelles que je mande.* Mais dans ces cas-là la forme valait mieux que le fond : un fond léger fesait naître chez elle une foule d'idées, de sentimens, et la conduisait à bien des découvertes dans la nature humaine : dès lors tout devient important.

———

Pour remporter les honneurs littéraires, il faut avoir peu d'idées à soi : elles heurtent trop de gens ; il faut avoir peu de caractère : il nuit à la souplesse de la conduite ; mais cependant comme il faut avoir un titre aux distinctions, il est bon d'avoir de l'instruction et de savoir la placer à propos dans des écrits communs qui ne puissent offusquer personne. Il faut en outre savoir dans l'occasion adresser un mot obligeant à l'homme qui peut être utile ; faire valoir les autres, se faire valoir soi-même sans se vanter pourtant ; obtenir par ses amis un avancement quelconque, auquel on a l'air de n'avoir pas songé ;

paraître étonné des faveurs qu'on a
long-tems sollicitées, au moyen de
quoi on obtient une réputation *profi-
table*. Va-t-on de même à la postérité ? — Oh ! non ; c'est tout autre
chose.

———

On fesait un reproche à un philosophe, de ce qu'on trouvait dans ses
ouvrages plus de raisonnement que
de sentiment. « Vous me flattez , répondit-il, c'est le raisonnement qui
nous distingue des bêtes. »

———

L'écrivain le plus élégant et le plus
ingénieux, celui qui honore le plus
son pays et sert le mieux l'humanité,
ne sera jamais lu, commenté, admiré
et cru autant que saint Luc ou saint
Matthieu.

———

Légitimité des princes, souverai-
neté du peuple, péché originel, sont
des expressions que les sots comprennent bien plus aisément que les gens
d'esprit.

———

Je demandais un jour à un grand
géomètre, à quoi servent les mathématiques au-delà des élémens d'Eu-
clide et de l'arithmétique décimale.
— Monsieur, me répondit-il, cela
sert à faire des livres qui ne sont en-
tendus que par une demi-douzaine
de personnes ; à faire arriver leur
auteur à l'Académie des sciences, et
à lui procurer encore d'autres faveurs... — J'entends bien en quoi
cela peut vous servir ; mais à moi, à
tout autre, à quoi cela sert-il ?

———

Dialogue.

MONDOR.

Je m'ennuie.

UN AMI.

Je le crois bien.

MONDOR.

J'ai pourtant beaucoup de richesses ; chacun est empressé de me
plaire ; mes désirs sont satisfaits aussi-
tôt que formés ; il n'y a pas un arti-
san qui ne mette son esprit à la
torture pour flatter ma sensualité.
L'artiste s'évertue pour m'amuser de
sa musique, de ses peintures, de son
architecture, de sa déclamation : je
ne devrais pourtant pas m'ennuyer.

L'AMI.

Pauvre Mondor !

MONDOR.

Pauvre ! Cette épithète m'est nouvelle.

L'AMI.

Vous êtes passif en tout cela.

MONDOR.

Qu'appelez-vous passif?

L'AMI.

Vous attendez les impressions ;
vous ne les faites pas naître.

MONDOR.

Sans doute ; mais n'est-ce donc pas
en recevant des impressions agréables
qu'on est heureux ?

L'AMI.

C'est tout le contraire : le musicien
qui vous joue un air, l'auteur qui
fait le roman que vous devez lire, ne
s'ennuient pas, eux, parce que leurs

facultés sont exercées. Le désir du succès les tient en haleine ; leur amour-propre, leur bien-être, sont intéressés à l'issue de leurs efforts. Faites, au lieu de vous laisser faire, et l'ennui épouvanté se sauvera de chez vous.

———

Philosophe, soumets ton orgueil à flatter les préjugés de ta nation, comme Xénophon, qui termine son discours sur les revenus d'Athènes, en engageant les Athéniens à consulter l'oracle de Delphes sur le plan de finances qu'il leur propose, quoiqu'il sût parfaitement que l'oracle de Delphes n'était pas si bon financier que lui.

———

Quand on ne sait que ce qu'on a

appris, on peut être un savant et un
sot. Il faut de plus savoir ce qu'on a
deviné.

———

Un bon esprit vaut mieux qu'un
bel esprit. Je voudrais que le premier
de ces mots devînt la désignation des
hommes qui possèdent la chose. On
dirait : *Cette dame rassemble chez elle
une société de bons esprits.* On se réu-
nirait chez elle plus volontiers que
si elle réunissait une société de beaux
esprits.

———

En écrivant, ne portons pas de ces
jugemens que la postérité puisse in-
firmer. Plus on a de mérite, et plus
il faut y prendre garde : si votre nom
doit rester, la tache restera. Boileau,
du fond de la tombe, ne peut plus

effacer ce qu'il a dit de Quinault. Il faut surtout se défier de l'entraînement de l'opinion dominante au moment qu'on écrit : elle exerce toujours plus ou moins d'influence sur notre manière de sentir ; excepté chez les esprits très élevés dont l'horizon s'étend au loin.

———

Quand on voit un aussi bon esprit que Montaigne affirmer que la poésie française ne peut aller au-delà de ce qu'ont fait Ronsard et du Bellay, on peut pardonner à ces gens, qui vont prêchant que nos devanciers ont tout fait en tout genre.

———

Les qualités de l'observateur ne sont pas les mêmes que celles du calculateur. Pour arriver à la vérité,

l'essentiel est de voir les choses,
fondement de tout calcul, non telles
qu'on les souhaite, mais telles qu'elles sont, au moral comme au physique. Calculez ensuite, ou raisonnez
là-dessus si cela vous amuse : vous
pourrez encore vous tromper ; mais
vous n'aurez pas commencé par là.

———

Il ne peut s'établir de solide amitié
entre deux savans, deux hommes de
lettres, qu'autant que l'un et l'autre
cherchent la vérité de bonne foi et
avec quelque capacité. La vérité est
un point unique qui les rapproche
sans cesse. L'erreur est multiple ; et
courant après elle, ils tirent chacun
de leur côté.

———

Vous vous plaignez de ces auteurs

qui n'ont qu'à moitié raison ; qui accordent au préjugé les mêmes égards qu'au bon sens, mais dont les intentions sont pourtant droites, et qui ont l'air de savoir à peu près tout ce qui a été dit de bon. Ayez patience, grands génies. Ne vous fâchez pas contre une espèce non moins utile que la vôtre. C'est d'échos en échos que la vérité descend sur le vulgaire. Vous est-il arrivé par hasard d'écouer un savant qui s'efforçait de faire comprendre ses intentions à des ouvriers ? Avez-vous observé ces pauvres gens, la bouche béante, avides de saisir un sens qui leur échappait ? Si l'un des leurs alors est venu, et s'est mis à traduire en leur langage l'explication du grand homme, l'interprète ignorant a fait entendre l'explication tout de suite. Vous épouvantez les gens à idées communes, tandis

que les auteurs médiocres s'accom-
modent à leurs habitudes. Les vues
faibles sont éblouies de vos lumières ;
elles tremblent d'en être brûlées ;
elles aiment à être guidées par des
falots.

———

La Rochefoucauld dit que l'hypocrisie est un hommage que le vice
rend à la vertu. Ne pourrait-on pas de
même dire de ces écrits, où l'on
s'efforce de prouver que les préjugés
sont utiles, que ce sont des homma-
ges que l'extravagance rend au bon
sens ?

———

Une horloge allait mal, et son aiguille, tantôt retenue par la rouille,
tantôt accélérée par des rouages dé-
fectueux, montrait au hasard toutes

les heures hors la véritable. Néan-
moins, fière de son assurance, elle
se moquait d'une autre horloge sa
voisine, vieille machine usée qui ne
valait pas mieux, mais qui du moins
ne marquait rien du tout. « Consi-
» dère mon importance, disait la
» première : tout le monde me con-
» sulte ; on a recours à moi dans tou-
» tes les circonstances critiques de la
» journée. L'un règle son aiguille sur
» la mienne ; l'autre court au rendez-
» vous que je lui indique ; tous me
» rendent grâces. Mais pour toi,
» après qu'on a jeté sur ton cadran
» un regard dédaigneux, on passe
» son chemin. » — L'autre horloge
répondit : « On peut me dédaigner,
» ma voisine, mais du moins je ne
» trompe personne. »

Un Indien rencontre un bramine,
et lui demande : Qu'est-ce donc qui
supporte le monde? — Ignorant,
d'où sortez-vous? C'est un éléphant.
L'orgueilleuse philosophie vous laissait dans l'incertitude, et moi je vous
dis la vérité du premier coup. — Et
l'autre de remercier comme s'il y
avait de quoi.

———

Un moucheron voltigeait autour
d'une bougie; il était attiré par sa
douce chaleur, par sa brillante
clarté; il finit par y brûler ses ailes,
et se débattant à terre, il se plai-
gnait à Jupiter. — Le maître des
dieux lui répondit : Pourquoi cette
plainte insolente? N'avais-tu pas le
monde entier pour prendre tes ébats?
Pourquoi te précipiter dans la flamme?
— Pourquoi? répondit l'infortuné,

pourquoi, grand Jupiter ! m'en don-
nas-tu l'envie ?

———

La vérité a ses amans ; mais c'est
une maîtresse fière qui leur accorde
rarement ses faveurs, et les compro-
met souvent sans se compromettre
jamais. Il faudrait pour ainsi dire la
posséder et n'en rien dire. Mais alors
à quoi l'homme serait-il bon?

———

Une louange sans délicatesse ré-
pugne même à celui qui en est l'objet, pour peu qu'il ait de goût et d'é-
lévation. Faut-il s'étonner qu'elle
déplaise au lecteur indifférent? Le
public s'intéresse si peu à ceux qu'on
loue, que la louange, à ses yeux, n'a
de prix que par un extrême mérite
dans l'exécution. On approuve alors

le talent de l'auteur, la manière dont il s'est tiré d'un pas difficile , dont il a relevé par la forme l'insipidité du fond.

———

Je dirais volontiers de la plaisanterie comme de la musique : un peu fait plaisir quand elle est bonne ; davantage fatigue ; et ces deux divertissemens trop prolongés excèdent.

———

La musique dépourvue de chant n'est que du bruit qu'on fait en mesure. Mais la musique la plus chantante , la plus belle , la mieux exécutée , fatigue toujours au bout de quelque temps.... du moins ceux qui l'écoutent. A une soirée où l'on fesait d'excellente musique, mais un peu trop prolongée , quelqu'un s'adressant à une femme connue par son esprit, lui dit : N'êtes-vous pas ravie ?.... — Non , pas précisément , répondit-elle , mais je prends mon plaisir en patience.

———

Ne commencez pas un discours public avec trop d'assurance : cela indispose. Il ne faut pas non plus le commencer avec trop de modestie : cela vous ferait mépriser. Montez à la tribune, si tribune il y a, avec la noble assurance d'un homme sûr de ses propres intentions et ne se permettant pas de suspecter celles des autres ; incertain du succès, mais certain, quoi qu'il arrive, d'avoir obéi à ses devoirs et de n'avoir rien dit contre sa conscience. Ensuite , lorsque la matière vous y convie , soyez insinuant, sévère, animé, fier ; soyez tout ce qu'il vous plaira d'être. On n'attribuera plus le sentiment qui vous anime qu'à l'influence de votre sujet qui vous maîtrise , et l'on ne vous saura plus mauvais gré de rien.

———

Dans la conversation , pour convaincre, ce qu'il faut, ce n'est point de coordonner ses idées , mais d'en faire un système lié et gradué qui est le chef-d'œuvre de l'éloquence écrite. Dans les livres qu'on écrit , il s'agit de faire valoir ses propres idées ; dans la conversation , il faut faire valoir les idées des autres. La raison en est toute simple : ceux qui vous lisent cherchent à s'instruire ou à s'amuser ; leur vanité n'a point à souffrir du rôle qu'ils jouent. Ceux qui jasent dans un cercle, au contraire, cherchent à briller ; et leur vanité souffre

à jouer le rôle d'un disciple ou d'un
étudiant. Pour leur plaire, il faut sa -
voir songer moins au sujet dont on
parle qu'aux personnes à qui l'on
parle ; tirer ses argumens des opinions
de son interlocuteur, et lui montrer,
fût-ce par des sophismes, que ce
qu'on veut lui persuader est la conséquence de sa manière de voir. La
conversation exige de la ruse, parce
qu'on n'y a presque jamais affaire
qu'à des esprits étroits, personnels
et prévenus. Dans les écrits, au contraire, il faut dire de son mieux, être
clair et franc, parce qu'on a pour juge
le public impartial, et la postérité qui
l'est encore plus.

———

L'exagération dans les discours ré-
vèle la faiblesse, comme le charlata-

nisme décèle l'ignorance. Celui qui
fait parade de ses forces s'en méfie.

———

N'avez-vous point de bonnes raisons à donner contre votre antago-
niste? tirez-vous d'affaire par un trait
d'esprit (si vous pouvez). Avez-vous
tort? donnez-lui un ridicule. —
Voilà un précepte abominable. —
J'en conviens. — Pourquoi le don-
nez-vous? — Parce qu'il n'appren-
dra rien aux écrivains sans conscience,
et qu'il émousse leurs armes.

———

Tout auteur (j'entends de ceux
qui écrivent d'après le monde et non
d'après les livres), s'il est évidem-
ment de bonne foi, et s'il a eu raison
dans deux ou trois occasions, a le
droit de n'être jamais jugé sans exa-

men ; car on n'a pas raison trois fois
uniquement par hasard.

———

Ce ne sont pas les prédicateurs
seulement qui prêchent d'une façon
et qui agissent d'une autre : ce sont
les philosophes , ce sont les littérateurs. Pourquoi? Ils sont hommes
avant d'être apôtres , penseurs ou
gens de lettres. Que de belles poé-
tiques précèdent de mauvais ouvrages ! Diderot n'a-t-il pas dit que
*plus la vérité est impérieuse par elle-
même, plus elle doit se montrer réser-
vée* (1)? Et quel écrivain a poussé plus
loin le cynisme de l'expression?

———

(1) *Essai sur les règnes de Claude et de
Néron.*

On demandait·en ma présence à un
publiciste célèbre : De quel ouvrage
vous occupez-vous en ce moment?
*— D'un livre sur la vie future. Et vous,
que faites-vous ? — Je vais au plus
pressé, je cherche à rendre la vie présente plus supportable.*

———

En lisant, on veut que le langage
soit harmonieux , même lorsqu'on
lit seul dans son cabinet. L'harmonie
de Racine enchante sans qu'on prononce les mots. On se représente , je
crois, le plaisir qu'on aurait à les
prononcer. Un style dur, rocailleux,
au contraire, fait peur de la peine
qu'on éprouverait à parler ce qu'on
a sous les yeux.

———

On entend dire quelquefois que

le talent du style n'est que celui du
verbiage ; que l'essentiel est le fond
des idées. Cela paraît vrai ; cela paraît incontestable ; et cela est faux :
un événement est tout autre, selon
qu'il vous est transmis par un homme
d'esprit ou par un sot, par un égoïste
ou par une âme sensible : ils en ont
eux-mêmes été diversement affectés ;
ils ont vu, dans le même fait, deux
choses différentes. C'est pour cela
qu'avec le même fond tel auteur
paraît ridicule, ou bien fait bâiller,
ou bien révolte ; et que tel autre intéresse, charme, attire. C'est Pradon,
c'est Racine.

Qu'un écrivain vulgaire vous dise :
« Aux yeux des courtisans une grande
» fortune compense la bassesse de
» l'extraction, l'absence de toute
» éducation et de toute délicatesse. »
C'est fort bien ; voilà une idée com-

mune revêtue d'une livrée commune.
Mettez-la entre les mains d'un grand
écrivain : il en fera ressortir la vérité,
la gravera dans votre mémoire , fera
sourire votre malice , et couvrira de
honte ceux qui seraient tentés d'en-
censer trop effrontément la fortune ;
enfin il vous dira : « Si le financier
» manque son coup, les courtisans
» disent de lui : C'est un bourgeois,
» un homme de rien, un malotru ;
» s'il réussit , ils lui demandent sa
» fille (1). »

———

Le style est à la pensée ce que la
physionomie est à la figure. Il n'em-
bellit pas une pensée fausse ; mais il
rend plus vive , plus attrayante une

———

(1) La Bruyère.

belle pensée. Les traits communs du visage peuvent être relevés par une physionomie heureuse ; de même une pensée vulgaire reçoit du lustre de l'expression. La bonne fortune par excellence est de pouvoir prêter de la vie à ce qui est beau , rendre piquant ce qui est estimable, et donner du charme à ce qui est neuf.

———

Si c'est un grand secret de savoir sacrifier à propos les idées qui ont le moins d'importance , c'en est un non moins précieux de savoir sacrifier dans l'expression tout ce qui n'est pas indispensable pour le sens. Rien ne donne au langage plus de hardiesse et de rapidité. L'esprit du lecteur veut être entraîné par un guide dont le char vole et franchit en peu d'instans une vaste étendue de pays. L'auteur qui veut tout exprimer, se traîne.; on s'impatiente à ses côtés, on bâille, on l'abandonne.

———

C'est un triste avantage que la correction, toutes les fois qu'elle ôte au style l'aisance, l'originalité, la concision. Les langues sont remplies d'incorrections consacrées. C'est aux grands écrivains à faire la langue et aux grammairiens à tenir registre. Mais pour qu'une hardiesse soit enregistrée, elle doit être heureuse et nécessaire.

———

Il vaut mieux lire deux fois un bon ouvrage, qu'une fois un mauvais.

———

Il me semble qu'il y a quelque chose d'un peu niais à faire à tout propos l'éloge de la nature, de cette belle nature, si féconde, si variée, si majestueuse... La nature est ce qui est ; c'est ce qu'il y a de mal comme ce qu'il y a de bien ; en faire l'éloge, c'est faire l'éloge de la bruyère comme d'une verte prairie, de la pluie comme du beau temps, de la petite vérole comme d'une belle femme. Que ces auteurs donc qui, d'un parti pris, veulent vanter les ouvrages de la nature par opposition à ceux de l'art, ne disent pas : *La nature fait bien, et l'art ne sait que la gâter ;* mais qu'ils disent : *Il y a de belles et bonnes choses dans les ouvrages de la nature;* et qu'ils me laissent penser, si cela m'amuse, qu'il y en a aussi de belles et bonnes dans l'ouvrage de l'art.

Je conçois que les araignées peuvent nommer *providence* le pouvoir qui leur amène des mouches à dévorer ; mais je ne sais pas comment les mouches doivent l'appeler.

——

Quelle charmante imagination que le jardin d'Eden, et qu'il est préférable à l'Elysée des Grecs. Celui-ci choquait toutes les vraisemblances : il fesait partie des enfers, des lieux inférieurs ; on n'y pénétrait qu'en s'enfonçant sous terre ; et pourtant (conception baroque) on y retrouvait un air, un ciel clairs et sereins ! point d'autres habitans que des ombres, des vapeurs. Les honnêtes gens y goûtaient le repos ; mais qu'est-ce que le repos sans la fatigue ? C'est l'oisiveté, c'est l'ennui, un supplice. Le bonheur est de posséder des fa-

cultés et de les exercer avec succès.
L'Eden des Hébreux était bien plus
séduisant : tout ce que la terre présente de variété et de beautés s'y
trouvait réuni. Les animaux que
nous sommes obligés de regarder à
travers des grilles, venaient s'y faire
caresser. Bienveillance universelle,
félicité égale, soit qu'on la sente, ou
bien qu'on l'inspire ! travail modéré
de rassembler des fruits, de traire les
troupeaux, suffisant pour se nourir
avec volupté, pour se reposer avec
délices! Tous les biens s'y trouvaient,
jusqu'à l'amour qui les vaut tous.
Milton, en homme habile, a deviné
le parti qu'on pouvait tirer de tout
cela.

———

La plus belle ode touche peu,
n'apprend rien et n'amuse guère.

C'est la sonate de la littérature....
Qu'est-ce donc quand elle est mauvaise ?

———

Les Grecs copiaient la nature ; les
Latins copiaient les Grecs ; et l'on
veut, dans nos études, que nous
imitions les uns et les autres. Cette
méthode a eu son utilité, sans doute.
Nous avons chez les anciens de beaux
modèles ; ils nous ont enseigné de
bons procédés ; nos études en ont été
rendues plus faciles. Un jeune des-
sinateur peut avec profit copier un
bon dessin, une bonne statue ; mais,
après avoir été écoliers, il faut devenir maîtres ; après avoir été imita-
teurs, il faut craindre de manquer
d'originalité, et ne plus copier que
la nature, notre maîtresse à tous. Il
faut qu'on parle de nous dans les

mêmes termes que nos modèles ont
fait parler d'eux.

———

Sujet de prix pour une académie:
Par quel moyen pourrait-on empêcher un mauvais traducteur de gâter
un bel ouvrage , et un méchant
écrivain de déflorer un sujet heureux ?

———

En littérature, pour faire choix de
certains sujets, il faut nécessairement
être un sot; pour faire choix de quel-
·ques autres , il faut être un plat.

———

J'ai eu lieu de connaître un auteur
de roman qui ne se piquait pas d'a-
voir un style correct , ni même élégant, ni de peindre avec vérité les

mœurs et les caractères des hommes,
ni de corriger leurs vices, leurs travers, toutes qualités dont il fesait peu
de cas; mais il se piquait d'avoir
beaucoup d'imagination, car il disait
qu'on en trouvait *un peu* dans ses ouvrages. Aussi était-ce la qualité qu'il
prisait par-dessus toutes les autres.
Mais y avait-il réellement de l'imagination dans ses romans? Oh non!
L'imagination ne consiste pas à produire une foule de personnages et
d'événemens; il faut encore, quant
aux événemens, avoir trouvé, sans
longueurs, le moyen de les amener,
de les rendre vraisemblables; il faut
qu'ils soient naturels sans être communs, intéressans sans déclamation,
neufs sans bizarrerie, et tellement
liés au sujet, qu'ils en fassent ressortir l'effet. Et, quant aux personnages,
il ne suffit pas que leurs caractères

soient atroces ou divinement parfaits,
ou qu'ils aient des goûts et des travers comme on n'en a point ; mais ils
doivent frapper par leur ressem-
blance avec la nature , être utiles à
l'action, valoir la peine d'être peints,
agir et parler conformément aux
idées de leur tems, à leur caractère,
à leur sexe, à leur âge, à leur pro-
fession. Quand il y a de tout cela
dans un roman, les événemens fus-
sent-ils simples , il s'y trouve de l'i-
magination, et celle-là seule est une
qualité rare et précieuse.

Dans un auteur fécond, chaque
situation, chaque fait rappelle une
foule d'idées et de sentimens , et
lorsqu'en même tems cet auteur a du
goût et de l'art, ces idées , ces sentimens fortifient l'impression princi-
pale. Ainsi lorsque Camoëns, dans la
Lusiade, peint le départ de Vasco de

Gama et de ses compagnons pour
une navigation hasardeuse, il les représente préparant leurs âmes à la
mort par des prières, et accompagnés
par de longues processions de reli-
gieux qui font des vœux pour eux.
Il peint la foule qui couvre le rivage;
on y voit des mères, des épouses, des
sœurs. Il répète le discours d'une
mère à son fils qui part; d'une épouse
à son époux ; d'un sage vieillard qui
démêle les causes et les suites d'une
si vaste entreprise, la vanité de la
gloire, les désastres qui accompagnent
les conquêtes. C'est plus que de ra-
conter un embarquement.

Dans la peinture que Virgile fait
du sac de Troyes, lorsqu'Enée se
rend au palais de Priam pour le défendre contre les Grecs qui l'assié-
gent, il y pénètre par une porte dé-
robée. Combien cette circonstance ,

qui n'est qu'explicative de la narra-
tion, se trouve relevée par l'observation qu'il fait que c'était par ce
chemin que dans des tems plus heureux, Andromaque avait coutume de
conduire Astyanax auprès de Priam.
A l'instant le lecteur fait un rappro-
chement de ces momens de tranquil-
lité et de bonheur, avec les horreurs
du massacre qu'il décrit; et cette
pensée a quelque chose d'attendris-
sant comme tout ce qui tient aux re-
grets.

On prétend qu'il est de mauvais
ton de démasquer la fourberie et la
méchanceté. — La bonne compagnie
protège donc les fourbes et les méchans? — Je ne dis pas cela ; mais
c'est *comme si* elle les protégeait.

Dans les pièces de théâtre, dans les romans, qui sont enfans de même lignage, on ne veut aucune scène, aucun trait qui ne serve à l'action. Les plus belles situations, les plus beaux vers, les plus magnifiques tirades, s'ils n'avancent pas vers le but, sont une tache, glacent le spectateur. Ainsi parlent Horace, Boileau et la raison. — La raison! Et comment, s'il vous plaît? Dans la nature que l'art se propose d'imiter, combien n'y a-t-il pas de paroles perdues! L'imitation n'est pas parfaite, s'il n'y en a point de telles dans l'imitation. — Un instant : entendons-nous. Le spectateur veut bien de l'imitation ; mais il ne veut pas que tout y entre. Il n'est pas curieux de tout ce qui s'est fait, de tout ce qui s'est dit ; non pas même de tout ce qui s'est fait de beau et s'est dit de bien ; mais seulement des

choses qu'il désire savoir. Or, quelles
sont-elles, ces choses ? Celles qui intéressent le personnage auquel il s'intéresse ; celles qui influent sur son
sort : voilà ce qu'il souhaite pour
le moment, et non l'esprit de l'auteur ; ses conceptions, ses descrip-
tions, ni même sa scrupuleuse exac-
titude. Que si vous n'avez pas su
rendre vos personnages intéressans ;
c'est encore pis.

Un bon roman n'est autre chose
qu'une bonne comédie, où plusieurs
actions se succèdent et s'enchaînent.
Du reste, la fable, les situations, les
caractères, le langage, y suivent les
mêmes lois. D'où vient donc que les
femmes réussissent, en général, dans
les romans, tandis qu'elles échouent
quand elles veulent faire des co-

médies? Pourquoi les Anglais font-ils
de bons romans et de mauvaises co-
médies , tandis que les Français font
de mauvais romans et de bonnes co-
médies ?

—

On a dit bien souvent que chaque
ouvrage de littérature, une comédie,
un conte , un roman , doit porter
avec soi sa moralité. Cela est fort désirable en effet, quoique le but principal des beaux-arts paraisse être d'é-
mouvoir pour plaire. Si c'est un
mérite d'amuser, de plaire aux hommes en réveillant en eux le sentiment
de leur existence, c'est un mérite encore plus grand que de corriger en
amusant. Je voudrais seulement savoir si l'on se fait une juste idée de
la moralité qui convient à un ouvrage
de littérature.

Lorsque je demande ce qu'on en‑
tend par un ouvrage moral, on me
répond que c'est un ouvrage où le
vice finit par être puni, et où la vertu
reçoit sa récompense. Cela paraît
tout simple. Si pourtant cela ne cor‑
rigeait personne, où serait la mora‑
lité ? Voyez, observez, réfléchissez.
Le méchant qui est dans le monde,
que pense-t-il en voyant punir son
confrère le méchant du théâtre? Se‑
lon lui, c'est un sot que l'auteur a fait
tomber dans un piége pour com‑
plaire à la bonhomie du public. S'il
gagne quelque chose à cet exemple,
c'est un peu plus d'adresse pour évi‑
ter de devenir lui-même la fable des
honnêtes gens. Quant aux personnes
vertueuses, lorsqu'elles voient à la fin
d'un cinquième acte la vertu récom‑
pensée et le vice confondu, elles di‑
sent en soupirant : *C'est bon pour le*

théâtre, ou bien pour les romans ; mais ce n'est pas là l'histoire du monde. **Et le monde va comme devant.**

Il est satisfesant, j'en conviens, de voir, même en fiction, les méchans punis : cela réjouit l'âme ; et j'aime l'auteur qui me procure cette petite satisfaction , à défaut d'une plus réelle ; mais un littérateur habile , pour être vraiment moral, sait employer d'autres moyens.

Voyez Molière ! s'il a gâté le métier des tartufes, pensez-vous que ce soit en fesant intervenir , au dénouement, le grand monarque, qui vient comme un dieu dans une machine, retirer la famille d'Orgon du désastre où l'a plongée l'imbécillité de son chef ? Si l'échafaud n'effraie pas les voleurs, pense-t on que les lettres de cachet feront trembler les hypocrites ? Ils savent que cette fou-

dre ne va pas mieux que l'autre, choi-
sir de préférence les méchans. Qui
peut se vanter d'avoir rencontré des
hypocrites corrigés? Où trouverons-
nous donc la moralité, l'utilité? La
voici : on ne corrige pas les tartufes,
mais on diminue le nombre des Or-
gons. Les fourbes disparaissent comme
toute espèce de vermine, faute d'ali-
mens. Croyez-vous qu'il y eût moins
de tartufes qu'autrefois , si nous
avions autant d'imbécilles pour les
écouter?

Or , c'est une utilité morale bien
réelle qui résulte du chef-d'œuvre de
Molière. Et remarquez que l'utilité
morale ici ne vient point de ce que
le méchant est puni ; au contraire :
il ne le serait pas, que la moralité serait bien plus forte. Qui peut nier
que si Tartufe en venait à ses fins,
s'il réussissait à dépouiller la famille

d'Orgon, à le mettre lui-même hors
de sa propre maison, et à les faire
tous passer pour des calomniateurs,
on ne sentît bien autrement encore
le danger de laisser s'impatroniser
un directeur dans sa famille? Molière n'a pas préféré ce dénouement,
non qu'il le jugeât immoral, mais
probablement parce qu'il craignait
que tout cela ne sortît du genre de
la comédie ; et la preuve, c'est qu'il
a fait un dénouement de cette espèce, dans une autre comédie où
l'offense n'a pas un caractère aussi
grave. Il a humilié le bon sens et le
bon droit ; il a fait triompher le vice
et l'imposture : Georges Dandin demande pardon à sa femme infidèle
de l'avoir soupçonnée, quand ce ne
sont plus seulement des soupçons
qu'il a, mais une certitude. Aussi les
dévots crièrent-ils à l'immoralité, et

l'on ne fit pas attention que si Molière eût confondu la femme au lieu du mari, sa pièce ne montrait plus les inconvéniens des mariages disproportionnés et n'avait plus aucune moralité.

Le même reproche fut fait à Voltaire au sujet de Mahomet. Les fanatiques avaient de bonnes raisons pour vouloir que Mahomet fût puni. Lorsqu'un filou est pris sur le fait et parvient à s'échapper, les autres ont soin de crier : *Au voleur !*

Bien fou donc qui s'imagine, par des livres, corriger les hypocrites, les femmes galantes, les conquérans, les usurpateurs, les fourbes, qui travaillent en petit, ou ceux qui travaillent en grand. Mais par des livres, ce dont on peut se flatter, c'est de corriger leurs dupes.

Tel peuple est pillé, foulé par un

potentat qui se dit tantôt son protecteur, tantôt son empereur, tantôt son roi, ou son père, ou tout ce qu'il vous plaira. Irez-vous corriger ce despote? On fait vraiment grand cas d'un prédicateur à la cour! Mais si vous dépouillez le charlatan politique de son oripeau; si vous montrez qu'au lieu d'honorer la nation, il la déshonore, qu'au lieu de la servir il l'écrase, vous lui retirez ses points d'appui, vous brisez ses leviers. Or, qu'est-ce qu'un tyran réduit à lui-même et à ses complices? un tartufe démasqué.

Voilà pourquoi tout ouvrage de littérature, quelles que soient sa forme ou sa couleur, qu'on l'ait fait pour la scène ou pour la méditation, est utile du moment qu'il fait bien connaître l'homme et la société, du moment qu'il arrache les masques sous

lesquels se déguisent le mauvais sens
et les mauvaises intentions, du moment, en un mot, qu'il donne de la
sagacité à la droiture. La résignation
est une vertu de brebis. La vertu
des hommes doit être telle qu'il convient à une créature intelligente. Je
me la représente, comme fesaient
les anciens, sous les traits de Mi-
nerve : noble, sereine, douce, mais
armée.

FIN.

INDEX.

FIN DE LA TABLE.